초등 고학년 및 중학 핵심 빈출 영단어 80일 완성

VOCA

h unter

예비중학편

보카헌터

englishunt

이 책의 구성과 특징

1 하루에 20단어씩 80일 완성

중학교 입학 전에 반드시 알아야 할 초등 고학년 필수 단어와 중학 핵심 빈출 단어 1,600개를 80일에 완성할 수 있도록 하였습니다.

2 주제별, 코퍼스(corpus) 기반 단어 학습

연상작용을 통해 단어를 쉽게 익히고 오래 기억할 수 있도록 연관성 높은 단어들을 주제별로 제시하였습니다. 또한 혼동 어휘, 다의어, 접두사, 접미사, 반의어, 외래어 등 같이 알아두면 좋은 단어들을 함께 제시함으로써 단어 학습의 효율성을 높였습니다.

3 실용적인 예문

실생활에서 많이 사용되는 실용적인(authentic) 예문을 통해 단어의 의미 파악은 물론 말하기 실력까지 높일 수 있도록 하였습니다.

4 이미지로 단어 기억

어려운 단어는 이해를 돕고 오래 기억할 수 있도록 생생한 사진을 함께 제시하였습니다.

5 한 주 동안 학습한 단어 복습

Review Test를 통해 단어 완성, 분류하기, 단어 찾기, 문장 완성 등의 활동을 하며 한 주 동안의 단어 학습을 즐겁게 마무리합니다.

6 매일매일 스스로 확인

그날 학습한 단어를 스스로 확인해 볼 수 있도록 Daily Check-Up을 수록하였습니다. Daily Check-Up을 다음 날에도 다시 풀면 학습 효과가 배가됩니다.

일러두기

명 명사   대 대명사   동 동사   형 형용사   부 부사   전 전치사   접 접속사

유 유의어   반 반의어   복 명사의 복수형

VOCA hunter 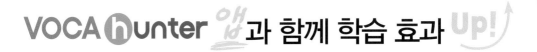 앱과 함께 학습 효과 Up!

망각 곡선을 활용한 과학적인 학습법으로
기억에서 사라지는 **영단어**를 **장기 기억**하세요!

- 주제별, 코퍼스(corpus) 기반 영단어를 이미지 연상기법을 통해 완벽 암기
- 아는 단어와 모르는 단어를 분류하며 단시간에 효율적으로 암기
- 실용적인(authentic) 예문을 통해 말하기 실력까지 쑥쑥
- 부담 없는 학습량으로 매일매일 꾸준히 학습
- 꼼꼼한 테스트와 체계적인 반복을 통해 학습 단어 장기 기억
  (Weekly Review, Long-Term Review, 자기주도테스트)

보카헌터 교재와 앱에는 장기기억특화 특허 기술이 포함되어 있어요!

앱 다운로드
(앱 별도구매)

나선형 구조의 장기 기억 학습 패턴을 기반으로 학습자의 학습 결과 및 데이터를 통해
개인 맞춤형 콘텐츠를 제공하는 장기기억특화 특허 기술이 포함되어 있습니다.
특허 10-1809234 외국어 학습용 콘텐츠 제공 방법 및 서버
앱 다운로드는 잉글리시헌트 사이트에서도 가능합니다.
http://www.englishunt.com

VOCA hunter 80일 단어 학습 점검표

◎ 빈칸에 일자별 단어 학습과 Daily Check-Up 완료 여부를 체크(✓)해 보세요.

Week 1		Day 1	Day 2	Day 3	Day 4	Day 5
	일자별 단어 학습					
	Daily Check-Up					

Week 2		Day 6	Day 7	Day 8	Day 9	Day 10
	일자별 단어 학습					
	Daily Check-Up					

Week 3		Day 11	Day 12	Day 13	Day 14	Day 15
	일자별 단어 학습					
	Daily Check-Up					

Week 4		Day 16	Day 17	Day 18	Day 19	Day 20
	일자별 단어 학습					
	Daily Check-Up					

Week 5		Day 21	Day 22	Day 23	Day 24	Day 25
	일자별 단어 학습					
	Daily Check-Up					

Week 6		Day 26	Day 27	Day 28	Day 29	Day 30
	일자별 단어 학습					
	Daily Check-Up					

Week 7		Day 31	Day 32	Day 33	Day 34	Day 35
	일자별 단어 학습					
	Daily Check-Up					

Week 8		Day 36	Day 37	Day 38	Day 39	Day 40
	일자별 단어 학습					
	Daily Check-Up					

Week 9		Day 41	Day 42	Day 43	Day 44	Day 45
	일자별 단어 학습					
	Daily Check-Up					

Week 10		Day 46	Day 47	Day 48	Day 49	Day 50
	일자별 단어 학습					
	Daily Check-Up					

Week 11		Day 51	Day 52	Day 53	Day 54	Day 55
	일자별 단어 학습					
	Daily Check-Up					

Week 12		Day 56	Day 57	Day 58	Day 59	Day 60
	일자별 단어 학습					
	Daily Check-Up					

Week 13		Day 61	Day 62	Day 63	Day 64	Day 65
	일자별 단어 학습					
	Daily Check-Up					

Week 14		Day 66	Day 67	Day 68	Day 69	Day 70
	일자별 단어 학습					
	Daily Check-Up					

Week 15		Day 71	Day 72	Day 73	Day 74	Day 75
	일자별 단어 학습					
	Daily Check-Up					

Week 16		Day 76	Day 77	Day 78	Day 79	Day 80
	일자별 단어 학습					
	Daily Check-Up					

Contents

PART 1 주제별

PART 2 어휘별

주제별

Family 가족

01·05　06·10　11·15　16·20　21·25　26·30　31·35　36·40

 알고 있는 단어는 □에 √표 한 후, 듣고 따라 하세요. 🎧 T01

0001 □ **parents**

몡 부모, 아버지와 어머니

My **parents** are always good to me.
나의 부모님은 내게 항상 잘해 주신다.

0002 □ **son**

몡 아들

My neighbor has three **son**s.
나의 이웃은 아들이 세 명이다.

0003 □ **daughter**

몡 딸

My aunt wants to have a **daughter**.
나의 이모는 딸을 갖고 싶어 하신다.

0004 □ **husband**

몡 남편

Her **husband** picks up their daughter on weekdays.
그녀의 남편은 주중에 딸을 데리러 간다.

0005 □ **wife**

몡 아내

His **wife** is a fashion designer.
그의 아내는 패션 디자이너이다.

0006 □ **sibling**

몡 형제자매

How many **sibling**s do you have?
너는 형제자매가 몇 명이니?

0007 □ **older brother**

형, 오빠　*older sister 누나, 언니

My **older brother** is leading the discussion.
나의 형이 그 토론을 이끌고 있다.

0008 □ **younger brother**

남동생　*younger sister 여동생

I will teach my **younger brother** baseball.
나는 남동생에게 야구를 가르칠 것이다.

0009 □ **uncle**

몡 삼촌, 고모부, 이모부, 아저씨

My **uncle** is good at writing poems.
나의 삼촌은 시를 잘 쓰신다.

0010 □ **aunt**

몡 숙모, 고모, 이모, 아주머니

My **aunt** cooks the best spaghetti.
나의 이모는 가장 맛있는 스파게티를 만드신다.

41·45　46·50　51·55　56·60　61·65　66·70　71·75　76·80

0011 ☐ cousin

명 사촌

I am very close to my **cousin**s.
나는 사촌들과 매우 친하다.

0012 ☐ relative

명 친척　형 상대적인

All my **relative**s live in Korea.
나의 모든 친척들은 한국에 산다.

0013 ☐ grandparents

명 조부모, 할아버지와 할머니

My **grandparents** will visit us this Saturday.
나의 조부모님께서 이번 토요일에 우리를 방문하실 것이다.

0014 ☐ grandfather

명 할아버지

My **grandfather** loves to go fishing.
나의 할아버지는 낚시하러 가는 것을 정말 좋아하신다.

0015 ☐ grandmother

명 할머니

My **grandmother** loves knitting.
나의 할머니는 뜨개질을 정말 좋아하신다.

0016 ☐ grandchild

명 손주

The old woman has a new **grandchild**.
그 노부인은 새 손주가 생겼다.

0017 ☐ grandson

명 손자

He made a chair for his **grandson**.
그는 손자에게 줄 의자를 만들었다.

0018 ☐ granddaughter

명 손녀

She bought a new dress for her **granddaughter**.
그녀는 손녀에게 줄 새 드레스를 샀다.

0019 ☐ stepfather

명 새아버지, 계부　* stepmother 새어머니, 계모

He wants to spend more time with his **stepfather**.
그는 새아버지와 좀 더 많은 시간을 보내고 싶어 한다.

0020 ☐ father-in-law

명 시아버지, 장인　* mother-in-law 시어머니, 장모

Her **father-in-law** met her at the airport.
그녀의 시아버지는 공항에서 그녀를 만났다.

People 사람들

◎ 알고 있는 단어는 □에 √표 한 후, 듣고 따라 하세요.　T02

0021 □ child

명 아이, 어린이, 자식 　복 children

The **child** talks and acts like an adult.
그 아이는 어른처럼 말하고 행동한다.

0022 □ teenager

명 십대, 십대 청소년

Teenagers are hard to please.
십대들은 기분을 맞추기가 어렵다.

0023 □ adult

명 어른, 성인 　형 어른의, 다 자란

He should behave like an **adult**.
그는 어른처럼 행동해야 한다.

0024 □ man

명 (성인) 남자 　복 men

We need another **man** to move this heavy table.
우리는 이 무거운 탁자를 옮기기 위해 남자 한 명이 더 필요하다.

0025 □ woman

명 (성인) 여자 　복 women

The furniture company CEO is a **woman**.
그 가구 회사의 최고 경영자는 여성이다.

0026 □ gentleman

명 신사

He opened the door for her, like a **gentleman**.
그는 신사처럼 그녀를 위해 문을 열어 주었다.

0027 □ lady

명 숙녀, 여성

Ladies and gentlemen, please stand up.
신사 숙녀 여러분, 일어나 주십시오.

0028 □ Mr.

명 (남자의 성 앞에 붙여) ~ 씨, ~ 님

Mr. Smith just opened a new shoe store.
Smith 씨는 새 신발 가게를 막 열었다.

0029 □ Ms.

명 (여자의 성 앞에 붙여) ~ 씨, ~ 님

Ms. Robinson is such a great teacher.
Robinson 씨는 매우 훌륭한 선생님이시다.

0030 □ person

명 사람, 개인

She introduced a great **person** for the job.
그녀는 그 직업에 맞는 훌륭한 사람을 소개했다.

0031 ☐ **people**

명 사람들

People line up at the bus stop.
사람들이 버스 정류장에서 줄을 선다.

0032 ☐ **neighbor**

명 이웃 사람

Our new **neighbor** has a blue car.
우리의 새 이웃은 파란색 차를 가지고 있다.

0033 ☐ **stranger**

명 낯선 사람, 모르는 사람

You should not talk to **stranger**s.
너는 낯선 사람들에게 말을 해서는 안 된다.

0034 ☐ **speaker**

명 말하는 사람, 발표자

Today's **speaker** gave a great speech.
오늘의 발표자는 훌륭한 연설을 했다.

0035 ☐ **listener**

명 듣는 사람, 청자

I always try to be a good **listener** for my friends.
나는 친구들의 말을 잘 듣는 사람이 되려고 항상 노력한다.

0036 ☐ **customer**

명 손님, 고객

The clerk is helping the **customer**.
그 점원은 손님을 돕는 중이다.

0037 ☐ **client**

명 의뢰인, 고객

My dad is having a meeting with his **client**s.
나의 아빠는 고객들과 회의 중이시다.

0038 ☐ **buyer**

명 구매자

The company should not ignore the **buyer**'s suggestions.
회사는 구매자의 제안들을 무시해서는 안 된다.

0039 ☐ **audience**

명 관객, 청중

The **audience** gave him a big round of applause.
청중들은 그에게 큰 박수를 보냈다.

0040 ☐ **passenger**

명 승객

There are many **passenger**s on the bus in the morning.
아침에는 버스에 승객들이 많다.

Appearance 외모

◎ 알고 있는 단어는 □에 √표 한 후, 듣고 따라 하세요. T03

0041 □ **tall**

형 키가 큰, 높은 반 short 키가 작은

That basketball player is really **tall**.
저 농구 선수는 키가 정말 크다.

0042 □ **pretty**

형 예쁜

Many **pretty** girls entered the talent show.
많은 예쁜 소녀들이 탤런트 쇼에 출전했다.

0043 □ **cute**

형 귀여운

This is such a **cute** doll.
이것은 정말 귀여운 인형이다.

0044 □ **beautiful**

형 아름다운, 멋진

All the performers were really **beautiful**.
모든 연기자들이 정말 아름다웠다.

0045 □ **handsome**

형 잘생긴

The gym teacher is very **handsome**.
그 체육 선생님은 매우 잘생겼다.

0046 □ **overweight**

형 비만의, 과체중의

We need to keep exercising not to be **overweight**.
우리는 과체중이 되지 않도록 운동을 계속할 필요가 있다.

0047 □ **heavy**

형 무거운

This bag is too **heavy** for me to carry.
이 가방은 너무 무거워서 내가 가지고 다닐 수 없다.

0048 □ **chubby**

형 통통한 * fat 살찐, 뚱뚱한

That **chubby** baby is Mike's sister.
저 토실토실한 아기는 Mike의 여동생이다.

0049 □ **medium build**

보통 체격

The producer is looking for a **medium build** man.
그 제작자는 보통 체격의 남자를 찾고 있다.

0050 □ **slim**

형 날씬한 유 slender

All the models at the show were very **slim**.
그 쇼에 나온 모델들은 다들 무척 날씬했다.

0051 □ **skinny**   형 깡마른, 비쩍 여윈 ⊕ thin

The new student was a very **skinny** boy.
전학 온 학생은 아주 깡마른 소년이었다.

0052 □ **muscular**   형 근육의, 근육질의

Our P.E. teacher is very **muscular**.
우리 체육 선생님은 매우 근육질이시다.

0053 □ **straight**   형 곧은, 직모의 부 똑바로, 곧장

She has long **straight** black hair.
그녀는 검고 긴 생머리를 가지고 있다.

0054 □ **curly**   형 곱슬곱슬한

My sister has short **curly** brown hair.
나의 여동생은 짧은 갈색 곱슬머리를 가지고 있다.

0055 □ **blond**   형 금발의

She will wear a **blond** wig for the play.
그녀는 연극에서 금발의 가발을 쓸 것이다.

0056 □ **attractive**   형 매력적인

The main character in the movie is very **attractive**.
그 영화의 주인공은 매우 매력적이다.

0057 □ **elegant**   형 우아한

The queen is very **elegant** in every way.
그 여왕은 모든 면에서 매우 우아하다.

0058 □ **wrinkle**   명 주름 동 주름이 생기다

I saw **wrinkle**s on my grandma's forehead.
나는 할머니의 이마에서 주름을 보았다.

0059 □ **scar**   명 흉터

The robber has a big **scar** on his cheek.
그 강도는 뺨에 커다란 흉터가 있다.

0060 □ **mustache**   명 콧수염 *beard (턱)수염

The man with the **mustache** is our principal.
콧수염이 있는 그 남자는 우리 교장 선생님이시다.

Personality Ⅰ 성격 Ⅰ

◎ 알고 있는 단어는 □에 √표 한 후, 듣고 따라 하세요. **T04**

0061 □ **kind**
형 친절한, 상냥한
The principal is really **kind** to students.
그 교장 선생님은 학생들에게 정말 친절하시다.

0062 □ **honest**
형 정직한
You need to be **honest** with other people.
너는 다른 사람들에게 정직할 필요가 있다.

0063 □ **smart**
형 똑똑한, 영리한
You look **smart** with glasses.
너는 안경을 쓰니까 똑똑해 보인다.

0064 □ **wise**
형 현명한, 지혜로운
My mom is a very **wise** woman.
나의 엄마는 매우 현명한 여성이시다.

0065 □ **clever**
형 영리한, 똑똑한
He is such a **clever** young man.
그는 무척 영리한 젊은이다.

0066 □ **foolish**
형 어리석은, 바보 같은 *fool 바보
I am so **foolish** to forget that again.
저것을 또 잊어버리다니 내가 너무 바보 같다.

0067 □ **selfish**
형 이기적인
He is always very **selfish**.
그는 언제나 너무 이기적이다.

0068 □ **brave**
형 용감한
My older brother is so **brave**.
나의 형은 매우 용감하다.

0069 □ **shy**
형 부끄러움을 타는, 수줍어하는
He was very **shy** when he was little.
그는 어렸을 때 수줍음을 많이 탔다.

0070 □ **cheerful**
형 쾌활한, 명랑한
I try to stay **cheerful** all the time.
나는 항상 명랑하려고 노력한다.

0071 ☐ **funny**

형 웃기는, 재미있는

My best friend is really **funny**.
나의 가장 친한 친구는 정말 재미있다.

0072 ☐ **humorous**

형 재미있는, 유머러스한

The emcee was **humorous**.
그 진행자는 유머러스했다.

0073 ☐ **careful**

형 조심하는, 주의 깊은 반 careless 조심성 없는, 부주의한

You should be **careful** around the hot pot.
뜨거운 냄비 주위에서는 조심해야 한다.

0074 ☐ **curious**

형 궁금한, 호기심이 많은

I am really **curious** about what's next.
다음은 무엇일지 나는 정말 궁금하다.

0075 ☐ **creative**

형 창의적인, 창의력이 있는

The drama teacher needs **creative** students.
그 연극 선생님은 창의적인 학생들이 필요하다.

0076 ☐ **passionate**

형 열정적인

He is **passionate** about music.
그는 음악에 대해 열정적이다.

0077 ☐ **energetic**

형 활동적인, 활기찬

My new teammates are **energetic**.
나의 새로운 팀 동료들은 활기차다.

0078 ☐ **friendly**

형 친절한, 다정한

I like him because he is **friendly**.
나는 그가 다정하기 때문에 그를 좋아한다.

0079 ☐ **rude**

형 무례한, 예의 없는

You should not be **rude** to your teacher.
너는 선생님께 무례하게 굴면 안 된다.

0080 ☐ **mean**

형 못된, 심술궂은 동 의미하다, 뜻하다

He was so **mean** to me at the party.
그는 파티에서 나에게 무척 못되게 굴었다.

Personality Ⅱ 성격 Ⅱ

01:05 06:10 11:15 16:20 21:25 26:30 31:35 36:40

🎯 알고 있는 단어는 □에 ✔표 한 후, 듣고 따라 하세요. (T05)

0081 □ **nice**
형 좋은, 친절한, 멋진
My grandma is always **nice** to me.
나의 할머니는 나에게 항상 잘해 주신다.

0082 □ **polite**
형 공손한, 예의 바른
We should be **polite** to everyone.
우리는 모든 사람에게 예의 바르게 행동해야 한다.

0083 □ **gentle**
형 다정한, 친절한
We need to be **gentle** with babies.
우리는 아기들에게 다정할 필요가 있다.

0084 □ **lazy**
형 게으른, 나태한 반 diligent 부지런한
My brother was **lazy** and slept all day.
나의 형은 게을러서 온종일 잠만 잤다.

0085 □ **stupid**
형 어리석은, 멍청한
Missing class is a **stupid** idea.
수업을 빼먹는 것은 어리석은 생각이다.

0086 □ **silly**
형 어리석은, 철없는, 우스꽝스러운
You look **silly** in that dress.
네가 그 옷을 입으니 우스꽝스러워 보인다.

0087 □ **talkative**
형 수다스러운, 말하기를 좋아하는
She is **talkative** when it comes to movies.
영화에 관한 한 그녀는 수다스럽다.

0088 □ **critical**
형 비판적인, 중대한
They were **critical** about the food in the restaurant.
그들은 그 식당의 음식에 대해 비판적이었다.

0089 □ **caring**
형 보살피는, 배려하는
My teacher is **caring** and kind.
나의 선생님은 배려심이 많고 친절하시다.

0090 □ **easygoing**
형 느긋한, 마음이 편한
My uncle is a very **easygoing** person.
나의 삼촌은 무척 느긋하신 분이다.

0091 ☐ **outgoing**
형 외향적인, 사교적인
John is more **outgoing** than Jim.
John은 Jim보다 더 외향적이다.

0092 ☐ **ambitious**
형 야심 있는, 야망을 가진
Our new soccer coach is very **ambitious**.
우리의 새 축구 코치는 매우 야심이 있다.

0093 ☐ **sociable**
형 사교적인, 어울리기 좋아하는
He needs to be more **sociable** with his friends.
그는 친구들과 좀 더 어울릴 필요가 있다.

0094 ☐ **reliable**
형 믿을 수 있는
The company is looking for a **reliable** person.
그 회사는 믿을 만한 사람을 찾는 중이다.

0095 ☐ **imaginative**
형 상상력이 풍부한
Children are **imaginative** when they read stories.
아이들은 이야기를 읽을 때 상상력이 풍부하다.

0096 ☐ **intelligent**
형 똑똑한, 지적인
I am impressed because he is so **intelligent**.
나는 그가 무척 지적이어서 감명을 받았다.

0097 ☐ **responsible**
형 책임이 있는
I try to be **responsible** for my chores.
나는 내 일을 책임지려고 한다.

0098 ☐ **aggressive**
형 공격적인
The barking dog was **aggressive**.
짖고 있는 그 개는 공격적이었다.

0099 ☐ **positive**
형 긍정적인 반 negative 부정적인
My mom always encourages me to stay **positive**.
나의 엄마는 내가 항상 긍정적이 되도록 격려해 주신다.

0100 ☐ **optimistic**
형 낙관적인, 낙천적인 반 pessimistic 비관적인
I envy her because she is always **optimistic**.
나는 그녀가 언제나 낙천적이어서 부럽다.

Review Test

A 주어진 철자를 바르게 나열하여 단어를 완성하세요.

1 b v r a e _____   2 c i h l d _____

3 u b y r e _____   4 w e i s _____

5 c l u r y _____   6 w k l r n e i _____

7 e m a n _____   8 a p r t s e n _____

9 o l p i e t _____   10 t l e n i c _____

B 보기에 주어진 단어들을 아래의 빈칸에 바르게 분류하세요.

Word Bank

| smart | daughter | careful | wife |
| sibling | curious | friendly | relative |

Family 가족

1 _____

2 _____

3 _____

4 _____

Personality 성격

5 _____

6 _____

7 _____

8 _____

정답

A 1 brave 2 child 3 buyer 4 wise 5 curly 6 wrinkle 7 mean 8 parents 9 polite 10 client

B 1 daughter 2 wife 3 sibling 4 relative 5 smart 6 careful 7 curious 8 friendly

22 VOCA Hunter 예비중학편

C 셀로판지를 사용하여 숨어 있는 단어를 <u>모두</u> 찾아 쓰세요.

cousin a b c d h i e
passenger g a f
f ei o f listener
adult scar
uplcpue might

_____

_____

_____

_____

D 빈칸에 주어진 글자로 시작하는 알맞은 단어를 써넣어 문장을 완성하세요.

1 T_____s are hard to please.

십대들은 기분을 맞추기가 어렵다.

2 Today's s_____ gave a great speech.

오늘의 발표자는 훌륭한 연설을 했다.

3 She has long s_____ black hair.

그녀는 검고 긴 생머리를 가지고 있다.

4 The a_____ gave him a big round of applause.

청중들은 그에게 큰 박수를 보냈다.

5 I will teach my y_____ b_____ baseball.

나는 내 남동생에게 야구를 가르칠 것이다.

Jobs I 직업 I

◎ 알고 있는 단어는 □에 √표 한 후, 듣고 따라 하세요. T06

0101 □ **teacher**

몡 선생님, 교사

We have a new math teacher.
수학 선생님이 새로 오셨다.

0102 □ **farmer**

몡 농부

The farmer is feeding the horses.
그 농부는 말들에게 먹이를 주고 있다.

0103 □ **driver**

몡 기사, 운전사

The taxi driver obeyed the traffic law.
그 택시 운전사는 교통 법규를 준수했다.

0104 □ **singer**

몡 가수

Many people crowded around to see the singer.
많은 사람들이 그 가수를 보려고 주변에 모여들었다.

0105 □ **dancer**

몡 무용수

The dancer was dancing to the beat.
그 무용수는 박자에 맞춰 춤추고 있었다.

0106 □ **baker**

몡 제빵사

The baker bakes fresh bread twice a day.
그 제빵사는 하루에 두 번 신선한 빵을 굽는다.

0107 □ **writer**

몡 작가 *poet 시인

The writer of *Romeo and Juliet* is William Shakespeare.
'로미오와 줄리엣'의 작가는 윌리엄 셰익스피어이다.

0108 □ **lawyer**

몡 변호사

He hired a famous lawyer.
그는 유명한 변호사를 고용했다.

0109 □ **scientist**

몡 과학자

He is a famous award-winning scientist.
그는 유명한 상을 받은 과학자이다.

0110 □ **designer**

몡 디자이너

My aunt is a successful fashion designer.
나의 숙모는 성공한 패션 디자이너이시다.

0111 □ **pianist**

명 피아니스트, 피아노 연주가

The audience gave a lot of applause to the pianist.
청중들은 그 피아니스트에게 많은 갈채를 보냈다.

0112 □ **dentist**

명 치과 의사

I am afraid of going to see the dentist.
나는 치과에 가는 것이 두렵다.

0113 □ **engineer**

명 기술자, 엔지니어

Two of my uncles are engineers.
나의 삼촌들 중 두 분이 기술자이시다.

0114 □ **firefighter**

명 소방관

The firefighter started the fire engine.
소방관이 소방차의 시동을 걸었다.

0115 □ **police officer**

명 경찰관

The police officer is running to catch the thief.
경찰관이 도둑을 잡기 위해 달리고 있다.

0116 □ **reporter**

명 기자, 리포터

The reporter will go live on the air.
그 기자는 생방송에 나갈 것이다.

0117 □ **photographer**

명 사진작가

The photographer had the students say cheese.
사진작가는 학생들에게 치즈라고 말하게 했다.

0118 □ **cleaner**

명 청소부

The cleaner was wiping the floor.
청소부는 바닥을 닦는 중이었다.

0119 □ **hairdresser**

명 미용사　* barber 이발사

I asked the hairdresser to trim my hair.
나는 미용사에게 내 머리를 다듬어 달라고 부탁했다.

0120 □ **plumber**

명 배관공

The plumber fixed the sink this morning.
배관공이 오늘 아침에 싱크대를 수리했다.

Jobs Ⅱ 직업 Ⅱ

◎ 알고 있는 단어는 □에 ✔표 한 후, 듣고 따라 하세요. T07

0121 ☐ **cook**

명 요리사 ⊕ chef

The **cook** appears on TV quite often.
그 요리사는 꽤 자주 텔레비전에 나온다.

0122 ☐ **pilot**

명 비행기 조종사

The **pilot** made a landing announcement.
비행기 조종사가 착륙 안내 방송을 했다.

0123 ☐ **vet**

명 수의사 = veterinarian

The **vet** is really good at taking care of animals. 그 수의사는 동물들을 아주 잘 돌본다.

0124 ☐ **doctor**

명 의사

I went to see the **doctor** because of my cold.
나는 감기 때문에 병원에 갔다.

0125 ☐ **nurse**

명 간호사

The **nurse** took my temperature.
간호사가 내 체온을 쟀다.

0126 ☐ **actor**

명 (남자) 배우 *actress 여배우

I was impressed by the **actor**'s brilliant acting. 나는 그 배우의 훌륭한 연기에 감명을 받았다.

0127 ☐ **musician**

명 음악가

My favorite **musician** is Mozart.
내가 매우 좋아하는 음악가는 모차르트이다.

0128 ☐ **professor**

명 교수

The **professor** teaches at a famous college.
그 교수는 유명한 대학에서 가르친다.

0129 ☐ **judge**

명 판사

People in the court showed respect to the **judge**.
법정에 있는 사람들은 판사에게 경의를 표했다.

0130 ☐ **priest**

명 목사, 신부, 성직자

The **priest** will say a prayer for us.
목사님께서 우리를 위해 기도해 주실 것이다.

0131 □ **soldier**

명 군인

My brother wants to be a **soldier** when he grows up. 나의 형은 커서 군인이 되길 원한다.

0132 □ **sailor**

명 선원

The **sailor** is preparing the ship to go to sea.
선원이 바다에 나가기 위해 배를 준비하고 있다.

0133 □ **flight attendant**

명 비행기 승무원

I asked the **flight attendant** to bring me a blanket.
나는 승무원에게 담요를 가져다 달라고 부탁했다.

0134 □ **astronaut**

명 우주 비행사

Astronauts go through lots of training before space missions. 우주 비행사들은 우주 탐사 임무 전에 많은 훈련을 거친다.

0135 □ **accountant**

명 회계사

My dad took his bank book to his **accountant**.
나의 아빠는 은행 통장을 회계사에게 가져가셨다.

0136 □ **bank teller**

명 은행 직원

The **bank teller** helped my grandma at the bank.
은행 직원이 은행에서 나의 할머니를 도와주었다.

0137 □ **salesperson**

명 판매원

The new **salesperson** is very good with customers.
새 판매원은 고객들을 잘 응대한다.

0138 □ **businessperson**

명 사업가

His father is a well-known **businessperson**.
그의 아버지는 잘 알려진 사업가이시다.

0139 □ **carpenter**

명 목수

The **carpenter** is really good at making wooden things. 그 목수는 나무로 된 것들을 아주 잘 만든다.

0140 □ **technician**

명 기술자, 기사

He had a **technician** check his computer.
그는 기술자에게 컴퓨터를 점검하게 했다.

DAY 08 Health Ⅰ 건강 Ⅰ

06-10
01-05 11-15 16-20 21-25 26-30 31-35 36-40

◎ 알고 있는 단어는 □에 √표 한 후, 듣고 따라 하세요. 🎧 T08

0141 □ **healthy**
형 건강한, 건강에 좋은 * health 건강
A balanced diet is important to stay **healthy**.
균형잡힌 식사는 건강을 유지하는데 중요하다.

0142 □ **sick**
형 아픈, 병든 ⑨ ill
I was **sick** over the weekend.
나는 주말에 아팠다.

0143 □ **cough**
명 기침 동 기침하다
I have a terrible **cough**.
나는 기침이 심하다.

0144 □ **sore**
형 아픈, 쓰린, 따가운
I can't talk because of my **sore** throat.
나는 목이 아파서 말을 할 수가 없다.

0145 □ **runny**
형 (콧물, 눈물이) 흐르는
I have a **runny** nose.
나는 콧물이 흐른다.

0146 □ **stuffy**
형 답답한, 코가 막힌
I can't smell because I have a **stuffy** nose.
나는 코가 막혀서 냄새를 맡을 수 없다.

0147 □ **fever**
명 열
I am suffering from a high **fever**.
나는 고열에 시달리고 있다.

0148 □ **headache**
명 두통, 머리가 아픔
I can't sleep because of my **headache**.
나는 두통 때문에 잠을 잘 수가 없다.

0149 □ **toothache**
명 치통, 이가 아픔
This will stop your **toothache**.
이것은 너의 치통을 멈추게 할 것이다.

0150 □ **stomachache**
명 복통, 배가 아픔
I had a bad **stomachache** last night.
나는 어젯밤에 복통이 심했다.

41-45　46-50　51-55　56-60　61-65　66-70　71-75　76-80

0151 □ pain

명 통증, 아픔, 고통

I was in a lot of **pain**.
나는 통증이 무척 심했다.

0152 □ medicine

명 약, 의학

Take this **medicine** 30 minutes after dinner.
저녁 식사 30분 후에 이 약을 복용하세요.

0153 □ hurt

동 다치게 하다, 아프다

I **hurt** myself when I fell down the stairs.
나는 계단에서 넘어졌을 때 다쳤다.

0154 □ cut

명 베인 상처 동 자르다, 베다

I put a bandage on the **cut**.
나는 베인 곳에 붕대를 감았다.

0155 □ broken

형 부러진, 깨진, 고장 난

He has a **broken** leg and a **broken** arm.
그는 다리와 팔이 부러졌다.

0156 □ sprain

동 삐다, 접지르다

I **sprain**ed my ankle at the playground.
나는 운동장에서 발목을 삐었다.

0157 □ bruise

명 멍, 타박상 동 멍들게 하다, 멍이 들다

I got a **bruise** on my arm.
나는 팔에 멍이 들었다.

0158 □ scratch

명 긁힌 상처, 찰과상 동 긁다, 할퀴다

It's only a **scratch**, not a major wound.
그것은 긁힌 것이지 심각한 상처는 아니다.

0159 □ wound

명 상처 동 상처를 입히다

The **wound** healed slowly.
그 상처는 천천히 나았다.

0160 □ injury

명 부상

I couldn't run because I had an **injury**.
나는 부상을 당했기 때문에 뛸 수가 없었다.

06:10
01:05 11:15 16:20 21:25 26:30 31:35 36:40

◎ 알고 있는 단어는 □에 √표 한 후, 듣고 따라 하세요. **T09**

0161 □ **ill**
형 아픈, 병든
There is no class because the teacher is **ill**.
선생님이 편찮으셔서 수업이 없다.

0162 □ **terrible**
형 끔찍한, 심한
He had a **terrible** accident.
그는 끔찍한 사고를 당했다.

0163 □ **awful**
형 끔찍한, 지독한
I felt **awful** because of my headache.
나는 두통 때문에 몸이 몹시 안 좋았다.

0164 □ **disease**
명 질병, 병
He got a serious **disease**.
그는 심각한 질병에 걸렸다.

0165 □ **cancer**
명 암
The doctor cured his **cancer**.
의사는 그의 암을 치료했다.

0166 □ **heart attack**
명 심장마비
The actor died of a **heart attack**.
그 배우는 심장마비로 사망했다.

0167 □ **flu**
명 독감
The **flu** made me feel awful.
독감에 걸려 나는 몸이 몹시 안 좋았다.

0168 □ **infection**
명 감염
My sister had an ear **infection**.
나의 여동생은 귀에 염증이 있었다.

0169 □ **virus**
명 바이러스
A **virus** can cause different types of infections.
바이러스는 여러 종류의 감염을 일으킬 수 있다.

0170 □ **itchy**
형 가려운, 가렵게 하는
This new lotion made me **itchy**.
이 새 로션 때문에 나는 가려웠다.

0171 □ **rash**

명 발진

I went to see the doctor about the **rash** on my arm.
나는 팔에 발진이 나서 병원에 갔다.

0172 □ **nauseous**

형 구역질나는, 메스꺼운

I felt **nauseous** on the boat.
나는 배 위에서 메스꺼움을 느꼈다.

0173 □ **vomit**

동 토하다

The baby **vomit**ed all over my shirt.
그 아기는 내 셔츠에 온통 토했다.

0174 □ **cure**

명 치유, 치료법 동 낫게하다, 치유하다

They found a **cure** for the disease.
그들은 그 질병에 대한 치료법을 발견했다.

0175 □ **treatment**

명 치료, 처치

You need to go to hospital for **treatment**.
너는 치료를 받으러 병원에 갈 필요가 있다.

0176 □ **shot**

명 주사

The doctor gave me a **shot** in the arm.
의사가 내 팔에 주사를 놓았다.

0177 □ **bandage**

명 붕대

I need a bigger **bandage** to cover this wound.
나는 이 상처를 감싸기 위해 더 큰 붕대가 필요하다.

0178 □ **pill**

명 알약

Take your **pill** with water.
물과 함께 알약을 드세요.

0179 □ **painkiller**

명 진통제

I took a **painkiller** for my headache.
나는 두통 때문에 진통제를 먹었다.

0180 □ **operation**

명 수술

His **operation** will be over soon.
그의 수술은 곧 끝날 것이다.

DAY 10   Daily Life 일상생활

01-05   06-10   11-15   16-20   21-25   26-30   31-35   36-40

◎ 알고 있는 단어는 □에 √표 한 후, 듣고 따라 하세요.   T10

0181 □ **breakfast**

명 아침 식사

I usually eat **breakfast** at 7:30.
나는 보통 7시 30분에 아침 식사를 한다.

0182 □ **lunch**

명 점심 식사

I had pizza for **lunch**.
나는 점심으로 피자를 먹었다.

0183 □ **dinner**

명 저녁 식사   유 supper

What do you want to have for **dinner**?
너는 저녁으로 뭘 먹고 싶니?

0184 □ **eat**

동 먹다, 식사하다

I will try to **eat** more vegetables.
나는 채소를 더 많이 먹으려고 노력할 것이다.

0185 □ **drink**

동 마시다   명 음료, 마실 것

My mom always tells me to **drink** milk.
엄마는 늘 나보고 우유를 마시라고 말씀하신다.

0186 □ **sleep**

동 잠자다   명 잠, 수면

We should **sleep** at least seven hours a day.
우리는 하루에 최소 일곱 시간은 자야 한다.

0187 □ **get up**

일어나다   반 go to bed 잠자리에 들다

I **get up** at seven every morning.
나는 매일 아침 일곱 시에 일어난다.

0188 □ **wash**

동 씻다

You should **wash** your hands before you eat.
너는 먹기 전에 반드시 손을 씻어야 한다.

0189 □ **brush**

동 (칫)솔질하다   명 솔, 붓

I **brush** my teeth three times a day.
나는 하루에 세 번 양치질을 한다.

0190 □ **shower**

명 샤워, 소나기

I take a **shower** before I sleep.
나는 자기 전에 샤워를 한다.

41·45 46·50 51·55 56·60 61·65 66·70 71·75 76·80

0191 ☐ **watch**

동 보다, 지켜보다 명 손목시계

I will **watch** a movie tonight.
나는 오늘 밤에 영화를 볼 것이다.

0192 ☐ **study**

동 공부하다 명 공부, 연구

I need to **study** for the exam.
나는 시험 공부를 할 필요가 있다.

0193 ☐ **help**

동 돕다 명 도움

Can you **help** me with this?
이것을 좀 도와줄 수 있어요?

0194 ☐ **clean**

동 청소하다 형 깨끗한, 깔끔한

Clean your room before you go out.
외출하기 전에 네 방을 청소해라.

0195 ☐ **vacuum**

동 진공청소기로 청소하다 명 진공

Pick up these toys before you **vacuum**.
진공청소기로 청소하기 전에 이 장난감들을 치워라.

0196 ☐ **call**

동 전화하다, 부르다 명 전화, 통화

Can you **call** me when you get there?
그곳에 도착하면 저에게 전화해 주시겠어요?

0197 ☐ **text message**

명 문자, 문자 메시지

I got a **text message** from my best
friend. 나는 가장 친한 친구로부터 문자 메시지를 받았다.

0198 ☐ **email**

명 이메일

You can send me the file by **email**.
너는 이메일로 내게 그 파일을 보낼 수 있다.

0199 ☐ **send**

동 보내다

You can **send** the package at the post office.
너는 우체국에서 소포를 보낼 수 있다.

0200 ☐ **receive**

동 받다

I **receive**d a nice gift from my aunt.
나는 이모에게서 멋진 선물을 받았다.

A 우리말과 일치하도록 빈칸에 알맞은 글자를 써넣어 단어를 완성하세요.

1 p__l__t   비행기 조종사   2 __ __it__r   작가

3 d__ __ti__t   치과 의사   4 __nj__ __y   부상

5 he__ __t__y   건강한   6 __ep__rt__r   기자

7 __i__ __as__   질병, 병   8 r__ce__ __e   받다

9 t__o__ha__h__   치통, 이가 아픔   10 as__r__ __a__t   우주 비행사

B 주어진 단어를 보고, 관련이 <u>없는</u> 하나를 골라 X표 하세요.

1 baker   lawyer   fever   farmer

2 sore   ill   clean   stuffy

3 cough   headache   pain   shower

4 breakfast   cure   lunch   dinner

5 wash   rash   eat   sleep

C 셀로판지를 사용하여 숨어 있는 단어를 <u>모두</u> 찾아 쓰세요.

firefighter judge soldier stomachache wound treatment

_____   _____

_____   _____

_____   _____

D 빈칸에 주어진 글자로 시작하는 알맞은 단어를 써넣어 문장을 완성하세요.

1 He had a t_____ accident.

그는 끔찍한 사고를 당했다.

2 Two of my uncles are e_____s.

나의 삼촌들 중 두 분이 기술자이시다.

3 The c_____ appears on TV quite often.

그 요리사는 꽤 자주 텔레비전에 나온다.

4 Can you c_____ me when you get there?

그곳에 도착하면 저에게 전화해 주시겠어요?

5 Take this m_____ 30 minutes after dinner.

저녁 식사 30분 후에 이 약을 복용하세요.

At Home 집

01·05   06·10   11·15   16·20   21·25   26·30   31·35   36·40

◎ 알고 있는 단어는 □에 √표 한 후, 듣고 따라 하세요. T11

0201 □ **house**

명 집, 주택

My **house** has three bedrooms.
우리 집은 침실이 3개이다.

0202 □ **bedroom**

명 침실

My **bedroom** is small but cozy.
내 침실은 작지만 아늑하다.

0203 □ **living room**

명 거실

There are many things in the **living room**.
거실에 많은 물건들이 있다.

0204 □ **kitchen**

명 부엌, 주방

Dad is baking a cake in the **kitchen**.
아빠는 부엌에서 케이크를 굽고 계신다.

0205 □ **dining room**

명 식당

We always have dinner in the **dining room**. 우리는 늘 식당에서 저녁을 먹는다.

0206 □ **bathroom**

명 욕실, 화장실

Can you close the **bathroom** door?
욕실 문을 닫아 주시겠어요?

0207 □ **laundry room**

명 세탁실

The **laundry room** is in the basement.
세탁실은 지하에 있다.

0208 □ **gate**

명 대문, 정문, 출입문

The **gate** opens automatically.
그 대문은 자동으로 열린다.

0209 □ **door**

명 문

I hear someone knocking on the **door**.
누군가 문을 두드리는 소리가 들린다.

0210 □ **window**

명 창문, 창

They are looking out the **window**.
그들은 창밖을 내다보고 있다.

0211 ☐ **floor**

몡 바닥, 층

Please pick up all the books off the **floor**.
바닥에 있는 책들을 모두 주워 주세요.

0212 ☐ **ceiling**

몡 천장

Our house has high **ceiling**s.
우리 집은 천장이 높다.

0213 ☐ **wall**

몡 벽, 담

A picture is hanging on the **wall**.
그림 한 점이 벽에 걸려 있다.

0214 ☐ **stairs**

몡 계단 ㈜ steps

The **stairs** over there are high and steep.
저쪽 계단은 높고 가파르다.

0215 ☐ **roof**

몡 지붕

Look at the snow on the **roof**.
지붕 위의 눈을 보아라.

0216 ☐ **attic**

몡 다락

They kept old stuff in the **attic**.
그들은 오래된 물건들을 다락방에 보관했다.

0217 ☐ **garden**

몡 정원 *yard 마당, 뜰

Mom grows lots of flowers in her **garden**.
엄마는 정원에 많은 꽃들을 키우신다.

0218 ☐ **garage**

몡 차고, 주차장

Dad parked his car in the **garage**.
아빠는 주차장에 차를 주차하셨다.

0219 ☐ **basement**

몡 지하실, 지하층

We have a guest room in the **basement**.
우리는 지하실에 손님방이 있다.

0220 ☐ **chimney**

몡 굴뚝

Smoke is coming out of the **chimney**.
연기가 굴뚝에서 나고 있다.

01·05   06·10   11·15   16·20   21·25   26·30   31·35   36·40

◎ 알고 있는 단어는 □에 √표 한 후, 듣고 따라 하세요. ⌂ T12

0221 □ **taste**

동 ~한 맛이 나다, 맛보다   명 맛, 맛보기

This soup **taste**s just perfect!
이 수프는 맛이 딱 완벽하다!

0222 □ **salty**

형 짠, 소금이 든

The French fries were too **salty**.
그 감자튀김은 너무 짰다.

0223 □ **sweet**

형 단, 달콤한   명 단 것, 사탕이나 초콜릿류

I prefer **sweet** strawberries.
나는 달콤한 딸기를 더 좋아한다.

0224 □ **bitter**

형 맛이 쓴

The medicine was really **bitter**.
그 약은 정말로 썼다.

0225 □ **sour**

형 신, 시큼한

It's **sour** because I added too much vinegar.
그것은 내가 식초를 너무 많이 넣어서 시다.

0226 □ **spicy**

형 매운, 양념이 강한   유 hot

This is too **spicy** for me.
이것은 나에게 너무 맵다.

0227 □ **crispy**

형 바삭바삭한, 부스러지기 쉬운

I like extra **crispy** chicken.
나는 굉장히 바삭바삭한 치킨을 좋아한다.

0228 □ **crunchy**

형 바삭바삭한, 아삭아삭한

Fresh popcorn is very **crunchy**.
갓 튀긴 팝콘은 매우 바삭바삭하다.

0229 □ **greasy**

형 기름진

Greasy food is not good for your health.
기름진 음식은 너의 건강에 좋지 않다.

0230 □ **juicy**

형 즙이 많은

I love to have **juicy** oranges in the morning.
나는 아침에 과즙이 많은 오렌지를 먹는 것을 정말 좋아한다.

0231 ☐ **delicious**

형 아주 맛있는

My mom's spaghetti is really **delicious**.
엄마의 스파게티는 정말 맛있다.

0232 ☐ **bland**

형 맛이 자극적이지 않은, 특징 없는

This has no taste and it is **bland**.
이것은 아무 맛이 안 나고 자극적이지 않다.

0233 ☐ **tender**

형 연한, 부드러운

The steak was **tender** and juicy.
그 스테이크는 부드럽고 육즙이 많았다.

0234 ☐ **boil**

동 끓다, 끓이다

How long does it take to **boil** an egg?
계란을 삶는데 시간이 얼마나 걸리니?

0235 ☐ **fry**

동 튀기다, 굽다

Put it in the pan and **fry** it.
그것을 팬에 넣고 튀겨라.

0236 ☐ **steam**

동 찌다, 쪄내다 명 김, 증기

Mom **steam**ed the dumplings.
엄마가 만두를 찌셨다.

0237 ☐ **beef**

명 소고기

We had **beef** stew for dinner tonight.
우리는 오늘 밤에 저녁 식사로 소고기 스튜를 먹었다.

0238 ☐ **pork**

명 돼지고기

What's your favorite **pork** dish?
네가 아주 좋아하는 돼지고기 요리는 무엇이니?

0239 ☐ **chicken**

명 닭고기

I ordered **chicken** salad for lunch.
나는 점심으로 닭고기 샐러드를 주문했다.

0240 ☐ **fish**

명 생선, 물고기 동 낚시하다

Will you have **fish** or beef today?
너는 오늘 생선을 먹을 거니 소고기를 먹을 거니?

Food Ⅱ 음식 Ⅱ

01·05 06·10 11·15 16·20 21·25 26·30 31·35 36·40

◎ 알고 있는 단어는 □에 √표 한 후, 듣고 따라 하세요. T13

0241 □ **hamburger**

® 햄버거

My mom made **hamburger**s for us.
엄마가 우리에게 햄버거를 만들어 주셨다.

0242 □ **pizza**

® 피자

Shall we order **pizza** and salad?
우리 피자와 샐러드를 주문할까요?

0243 □ **spaghetti**

® 스파게티

Spaghetti is my favorite dish.
스파게티는 내가 매우 좋아하는 음식이다.

0244 □ **curry**

® 카레

Do you want some **curry** and rice?
카레라이스를 좀 먹을래?

0245 □ **noodles**

® 국수, 면

I love all kinds of **noodles**.
나는 모든 종류의 국수를 정말 좋아한다.

0246 □ **sushi**

® 초밥, 스시

The Japanese restaurant serves the best **sushi**.
그 일본 음식점은 최고의 초밥을 제공한다.

0247 □ **fondue**

® 퐁뒤

We dipped the bread in cheese **fondue**.
우리는 치즈 퐁뒤에 빵을 담갔다.

0248 □ **kebab**

® 케밥, 꼬치구이

I have a craving for a **kebab** today.
나는 오늘 케밥이 정말 먹고 싶다.

0249 □ **dumpling**

® 만두, 덤플링

How many **dumpling**s can you eat?
너는 만두를 몇 개나 먹을 수 있니?

0250 □ **shrimp**

® 새우

They serve grilled **shrimp** at the restaurant.
그 식당에서는 구운 새우를 제공한다.

46·50　41·45　51·55　56·60　61·65　66·70　71·75　76·80

0251 ☐ **crab**

명 게

The soup has a lot of **crab** meat in it.
그 수프에 게살이 많이 들어 있다.

0252 ☐ **clam**

명 조개

My aunt cooked delicious **clam** pasta.
나의 이모는 맛있는 조개 파스타를 요리하셨다.

0253 ☐ **rice**

명 쌀, 밥

Would you like bread or **rice**?
빵을 드시겠습니까 아니면 밥을 드시겠습니까?

0254 ☐ **soup**

명 수프, 국

I had some hot **soup** for my cold.
나는 감기 때문에 뜨거운 수프를 조금 먹었다.

0255 ☐ **ramen**

명 라면

Can I have **ramen** for a snack?
제가 간식으로 라면을 먹어도 될까요?

0256 ☐ **cutlet**

명 커틀릿, 돈가스

I had a pork **cutlet** for lunch.
나는 점심으로 돼지고기 커틀릿을 먹었다.

0257 ☐ **steak**

명 스테이크

How would you like your **steak**?
스테이크를 어떻게 해 드릴까요?

0258 ☐ **well-done**

형 (음식·고기를) 완전히 익힌

I will have my steak **well-done**.
스테이크를 완전히 익혀 주세요.

0259 ☐ **rare**

형 (고기를) 살짝 익힌, 드문, 희귀한

Can I have my steak **rare**?
스테이크를 살짝 익혀 주시겠어요?

0260 ☐ **ripe**

형 (과일·곡물이) 익은, 숙성한

You can eat those **ripe** apples now.
너는 이제 저 익은 사과들을 먹어도 된다.

Food Ⅲ 음식 Ⅲ

01·05　06·10　11·15　16·20　21·25　26·30　31·35　36·40

⏱ 알고 있는 단어는 □에 ✓표 한 후, 듣고 따라 하세요.　T14

0261 □ **milk**

명 우유

I poured **milk** on my cereal.
나는 시리얼에 우유를 부었다.

0262 □ **bread**

명 빵

We need more **bread** to make sandwiches.
우리는 샌드위치를 만들기 위해 빵이 더 필요하다.

0263 □ **cake**

명 케이크

My mom baked a birthday **cake** for me.
엄마는 나를 위해 생일 케이크를 구우셨다.

0264 □ **cereal**

명 시리얼

I usually have **cereal** for breakfast.
나는 보통 아침 식사로 시리얼을 먹는다.

0265 □ **cheese**

명 치즈

Would you add some extra **cheese** on my pizza?
제 피자에 치즈를 좀 더 추가해 주시겠어요?

0266 □ **jam**

명 잼

I spread apple **jam** on the toast.
나는 토스트에 사과 잼을 발랐다.

0267 □ **butter**

명 버터

Can I have some **butter**, please?
버터를 좀 주시겠어요?

0268 □ **salt**

명 소금

Can you pass me the **salt**?
소금을 건네 주시겠어요?

0269 □ **pepper**

명 후추

Would you like some **pepper**?
후추를 좀 넣으시겠어요?

0270 □ **soy sauce**

명 간장

I went to the grocery store to get **soy sauce**.
나는 간장을 사러 식료품 가게에 갔다.

41·45 46·50 51·55 56·60 61·65 66·70 71·75 76·80

0271 ☐ **mustard**

⟮명⟯ 겨자

I put **mustard** and ketchup on my hot dog.
나는 핫도그에 겨자와 케첩을 뿌렸다.

0272 ☐ **snack**

⟮명⟯ 간식

What do you want for a **snack**?
너는 간식으로 뭘 먹고 싶니?

0273 ☐ **ice cream**

⟮명⟯ 아이스크림

I will have **ice cream** for dessert.
나는 후식으로 아이스크림을 먹을 것이다.

0274 ☐ **lemonade**

⟮명⟯ 레모네이드

I like **lemonade** on hot days in the summer.
나는 더운 여름 날에 레모네이드를 좋아한다.

0275 ☐ **soft drink**

⟮명⟯ 청량음료

We are out of **soft drink**s.
우리는 청량음료가 다 떨어졌다.

0276 ☐ **beverage**

⟮명⟯ 음료, 마실 것

Orange juice is in the **beverage** section at the cafeteria.
오렌지 주스는 구내식당에서 음료 구역에 있다.

0277 ☐ **porridge**

⟮명⟯ 포리지, 죽

My grandma cooks the best **porridge** in the
world. 나의 할머니는 세상에서 가장 맛있는 포리지를 만드신다.

0278 ☐ **organic**

⟮형⟯ 유기농의

My mom only cooks with **organic** ingredients.
나의 엄마는 오직 유기농 재료만으로 요리하신다.

0279 ☐ **nutritious**

⟮형⟯ 영양가 높은

This fresh yogurt is **nutritious**.
이 신선한 요구르트는 영양가가 높다.

0280 ☐ **frozen**

⟮형⟯ 냉동된, 얼린

Frozen yogurt is popular in summer.
냉동 요구르트는 여름에 인기가 있다.

DAY 15 Clothing 의복

◎ 알고 있는 단어는 □에 ✓표 한 후, 듣고 따라 하세요. T15

0281 □ **clothes**
명 옷, 의복 *cloth 옷감, 천

I need to buy some winter **clothes**.
나는 겨울 옷을 좀 살 필요가 있다.

0282 □ **coat**
명 외투, 코트

May I have your **coat**, please?
제가 코트를 받아 드릴까요?

0283 □ **dress**
명 드레스, 원피스, 옷 동 옷을 입다

She is wearing a beautiful **dress**.
그녀는 아름다운 드레스를 입고 있다.

0284 □ **shirt**
명 셔츠 *T-shirt 티셔츠

I spilled orange juice on my **shirt**.
나는 셔츠에 오렌지 주스를 쏟았다.

0285 □ **jacket**
명 재킷, 상의

I need a **jacket** to match my new pants.
나는 새 바지에 어울릴 재킷이 필요하다.

0286 □ **pants**
명 바지 *shorts 반바지

These **pants** are too tight on me.
이 바지는 내게 너무 꽉 낀다.

0287 □ **sweater**
명 스웨터

Please bring your **sweater** with you.
스웨터를 가져오세요.

0288 □ **skirt**
명 치마, 스커트

She doesn't like to wear **skirt**s.
그녀는 치마 입는 것을 좋아하지 않는다.

0289 □ **cap**
명 (앞부분에 챙이 달린) 모자 *hat (테가 있는) 모자

Dad bought me a new baseball **cap**.
아빠는 나에게 새 야구 모자를 사 주셨다.

0290 □ **gloves**
명 장갑 *mittens 벙어리 장갑

I got a new pair of **gloves** for my birthday.
나는 생일날에 새 장갑 한 켤레를 받았다.

41·45　46·50　51·55　56·60　61·65　66·70　71·75　76·80

0291 □ socks

명 양말

He is wearing striped **socks**.
그는 줄무늬 양말을 신고 있다.

0292 □ shoes

명 구두, 신발

We have to take off our **shoes** before we enter.
우리는 들어가기 전에 신발을 벗어야 한다.

0293 □ sneakers

명 운동화

Those pink **sneakers** are fashionable.
저 분홍색 운동화는 유행하는 것이다.

0294 □ sandals

명 샌들

Why don't you change into your **sandals**?
샌들로 갈아 신는 게 어때?

0295 □ scarf

명 스카프, 목도리

I bought a **scarf** for my mom.
나는 엄마를 위해 스카프를 샀다.

0296 □ vest

명 조끼

I got a new checkered **vest**.
나는 체크무늬 새 조끼를 샀다.

0297 □ belt

명 벨트, 허리띠

Brown **belt**s go well with blue jeans.
갈색 벨트는 청바지와 잘 어울린다.

0298 □ sportswear

명 운동복

We can wear **sportswear** on the field trip.
우리는 현장 학습 날에 운동복을 입어도 된다.

0299 □ underwear

명 속옷

I put my **underwear** in the drawer.
나는 서랍에 속옷을 둔다.

0300 □ uniform

명 제복, 유니폼 *school uniform 교복

My school **uniform** is very neat and clean. 나의 교복은 매우 단정하고 깨끗하다.

A 주어진 철자를 바르게 나열하여 단어를 완성하세요.

1 s t r s i a _____ 2 r g a g a e _____

3 l o f r o _____ 4 e n t e d r _____

5 a r r e _____ 6 t e r b i t _____

7 a t t s e _____ 8 r o n f e z _____

9 s m e a t _____ 10 a p n s t _____

B 보기에 주어진 단어들을 아래의 빈칸에 바르게 분류하세요.

Word Bank

| curry | jacket | cutlet | scarf |
| vest | noodles | porridge | uniform |

Food 음식

1 _____

2 _____

3 _____

4 _____

Clothing 의복

5 _____

6 _____

7 _____

8 _____

C 셀로판지를 사용하여 숨어 있는 단어를 <u>모두</u> 찾아 쓰세요.

_____   _____

_____   _____

_____   _____

D 빈칸에 주어진 글자로 시작하는 알맞은 단어를 써넣어 문장을 완성하세요.

1 The g_____ opens automatically.

그 대문은 자동으로 열린다.

2 Smoke is coming out of the c_____.

연기가 굴뚝에서 나고 있다.

3 G_____ food is not good for your health.

기름진 음식은 너의 건강에 좋지 않다.

4 I will have my steak w_____-d_____.

스테이크를 완전히 익혀 주세요.

5 We have to take off our s_____ before we enter.

우리는 들어가기 전에 신발을 벗어야 한다.

In the Living Room 거실

01-05 06-10 11-15 16-20 21-25 26-30 31-35 36-40

◎ 알고 있는 단어는 □에 √표 한 후, 듣고 따라 하세요. **T16**

0301 □ **sofa**
명 소파
Three people can sit on this **sofa**.
세 사람이 이 소파에 앉을 수 있다.

0302 □ **armchair**
명 안락의자
This **armchair** can recline to 180 degrees.
이 안락의자는 180도까지 뒤로 젖힐 수 있다.

0303 □ **table**
명 탁자, 테이블, 식탁
The **table** is made of wood.
그 탁자는 나무로 만들어졌다.

0304 □ **magazine**
명 잡지
This is a monthly **magazine**.
이것은 월간지이다.

0305 □ **album**
명 앨범, 사진첩
We were looking at the photo **album**s together.
우리는 함께 사진첩들을 보고 있었다.

0306 □ **television**
명 텔레비전
We bought a new **television** for the living room.
우리는 거실에 둘 새 텔레비전을 샀다.

0307 □ **radio**
명 라디오
Please turn down the **radio**.
라디오 소리를 줄여 주세요.

0308 □ **fan**
명 선풍기, 부채 동 부채질하다
There is a wooden **fan** on the ceiling.
천장에 나무로 된 선풍기가 있다.

0309 □ **air conditioner**
명 에어컨
Can we turn on the **air conditioner**?
에어컨을 켜도 될까요?

0310 □ **remote control**
명 리모컨
I can't find the TV **remote control**.
나는 텔레비전 리모컨을 찾을 수가 없다.

0311 ☐ **light switch**

뗑 전등 스위치

This **light switch** glows in the dark.
이 전등 스위치는 어둠 속에서 빛난다.

0312 ☐ **picture**

뗑 그림, 사진

Look at the **picture** on the wall.
벽에 있는 그림을 보아라.

0313 ☐ **picture frame**

뗑 사진틀, 액자

I like this silver **picture frame**.
나는 이 은색 액자가 마음에 든다.

0314 ☐ **vase**

뗑 꽃병

Look at the crystal **vase** on the table.
탁자 위에 있는 크리스털 꽃병을 보아라.

0315 ☐ **plant**

뗑 식물 뗑 (나무나 씨앗 등을) 심다

Mom is watering the **plant**s in the living room.
엄마는 거실에 있는 식물들에 물을 주고 계신다.

0316 ☐ **fish tank**

뗑 어항, 수조

There are a lot of tropical fish in the **fish tank**.
어항에 많은 열대어들이 있다.

0317 ☐ **fireplace**

뗑 벽난로

We want to have a **fireplace** in our
living room. 우리는 거실에 벽난로를 두고 싶다.

0318 ☐ **cushion**

뗑 쿠션, 방석

Mom added three colorful **cushion**s to the sofa.
엄마는 소파에 화려한 쿠션을 세 개 추가하셨다.

0319 ☐ **blanket**

뗑 담요

The wool **blanket** on the sofa keeps me
warm. 소파에 있는 양모 담요가 나를 따뜻하게 해 준다.

0320 ☐ **carpet**

뗑 카펫, 양탄자

We want to put a **carpet** in the living room.
우리는 거실에 카펫을 깔고 싶다.

◎ 알고 있는 단어는 □에 √표 한 후, 듣고 따라 하세요. ◀T17▷

0321 ☐ **toy**

명 장난감

My brother is playing with his new **toy**.
내 남동생은 새 장난감을 가지고 놀고 있다.

0322 ☐ **doll**

명 인형

I made a paper **doll** in art class.
나는 미술 시간에 종이 인형을 만들었다.

0323 ☐ **teddy bear**

명 곰 인형, 테디 베어

My sister is hugging a **teddy bear** in the photo.
내 여동생은 그 사진에서 곰 인형을 껴안고 있다.

0324 ☐ **robot**

명 로봇

I want to build a **robot** myself.
나는 직접 로봇을 만들고 싶다.

0325 ☐ **rocket**

명 로켓

There are **rocket**s all over my wallpaper.
내 방 벽지에는 온통 로켓 그림들이 있다.

0326 ☐ **clock**

명 시계

That animal **clock** looks great in my room.
저 동물 모양 시계는 내 방에 잘 어울린다.

0327 ☐ **closet**

명 옷장

I like to hide in the **closet**.
나는 옷장 속에 숨는 걸 좋아한다.

0328 ☐ **drawer**

명 서랍

Please put this shirt in your **drawer**.
이 셔츠를 당신의 서랍에 넣으세요.

0329 ☐ **bed**

명 침대

This **bed** is too big for my room.
이 침대는 내 방에 비해 너무 크다.

0330 ☐ **pillow**

명 베개

I need one more **pillow** to lean on.
나는 기댈 베개가 하나 더 필요하다.

0331 ☐ **backpack**

명 배낭

I opened my **backpack** to take out the book.
나는 책을 꺼내기 위해 배낭을 열었다.

0332 ☐ **desk**

명 책상

I cleaned my **desk** yesterday.
나는 어제 내 책상을 청소했다.

0333 ☐ **chair**

명 의자

I want a more comfortable **chair**.
나는 좀 더 편한 의자를 원한다.

0334 ☐ **computer**

명 컴퓨터

Please turn off the **computer** when you leave.
나갈 때 컴퓨터를 꺼 주세요.

0335 ☐ **lamp**

명 램프, 등

I need a **lamp** on my desk.
나는 책상용 램프가 필요하다.

0336 ☐ **bookcase**

명 책장 * bookshelf 책꽂이

This **bookcase** fits perfectly in this corner.
이 책장은 이 모서리에 딱 맞다.

0337 ☐ **hanger**

명 옷걸이

We need more **hanger**s for this closet.
우리는 이 옷장에 쓸 옷걸이가 더 필요하다.

0338 ☐ **rack**

명 받침대, 선반, (모자, 옷 등의) 걸이

This wooden **rack** is very sturdy.
이 나무 선반은 매우 견고하다.

0339 ☐ **trash can**

명 쓰레기통

I need a small **trash can** under my desk.
나는 책상 아래에 둘 작은 쓰레기통이 필요하다.

0340 ☐ **curtain**

명 커튼

Please close the **curtain**s for me.
저를 위해 커튼을 쳐 주세요.

In the Kitchen 주방

01-05　06-10　11-15　16-20　21-25　26-30　31-35　36-40

◎ 알고 있는 단어는 □에 √표 한 후, 듣고 따라 하세요. 〔T18〕

0341 □ **cup**

명 컵

I put down the **cup** on the table.
나는 탁자 위에 컵을 내려놓았다.

0342 □ **glass**

명 유리잔, 유리

I took out two more **glass**es.
나는 유리잔을 두 개 더 꺼냈다.

0343 □ **dish**

명 접시, 요리

Mom served the steak on a **dish**.
엄마는 접시에 스테이크를 담아 주셨다.

0344 □ **bowl**

명 (우묵한) 그릇

I put some cereal in the **bowl**.
나는 그릇에 시리얼을 좀 담았다.

0345 □ **spoon**

명 숟가락

I need a **spoon** to eat this soup.
나는 이 수프를 먹기 위해 숟가락이 필요하다.

0346 □ **fork**

명 포크

Can I have a **fork** for the cake?
케이크 먹을 포크를 주시겠어요?

0347 □ **chopsticks**

명 젓가락

My brother is learning how to use **chopsticks**.
나의 남동생은 젓가락 사용법을 배우는 중이다.

0348 □ **knife**

명 칼

This **knife** is very sharp.
이 칼은 몹시 날카롭다.

0349 □ **scoop**

명 큰 숟가락, 국자

I will have a **scoop** of ice cream.
나는 아이스크림 한 숟갈을 먹을 것이다.

0350 □ **tray**

명 쟁반

Please serve this on a **tray**.
이것을 쟁반에 담아서 내세요.

0351 □ **oven**

명 오븐

Be careful when you open the **oven**.
오븐을 열 때 조심해라.

0352 □ **stove**

명 (가스)레인지, 난로　*electric stove 전기레인지

Water is boiling on the **stove**.
(가스)레인지 위에서 물이 끓고 있다.

0353 □ **pot**

명 냄비, 솥

This **pot** is too heavy.
이 냄비는 너무 무겁다.

0354 □ **teapot**

명 찻주전자

My grandma served tea in a beautiful **teapot**.
나의 할머니는 예쁜 찻주전자로 차를 대접하셨다.

0355 □ **frying pan**

명 프라이팬

Mom cooked the egg in the **frying pan**.
엄마는 프라이팬에 계란을 요리하셨다.

0356 □ **refrigerator**

명 냉장고　= fridge

I took the milk out of the **refrigerator**.
나는 냉장고에서 우유를 꺼냈다.

0357 □ **microwave**

명 전자레인지

You can use this dish in the **microwave**.
너는 전자레인지에서 이 접시를 사용해도 된다.

0358 □ **toaster**

명 토스터, 빵 굽는 기구

I put a bagel in the **toaster**.
나는 토스터에 베이글을 넣었다.

0359 □ **blender**

명 믹서, 분쇄기

I put pineapples and oranges in the **blender**.
나는 믹서에 파인애플과 오렌지를 넣었다.

0360 □ **coffee machine**

명 커피 끓이는 기구, 커피 머신

A **coffee machine** can be called a coffee maker.
커피 머신은 커피 메이커라고도 불린다.

In the Bathroom 욕실

01·05 · 06·10 · 11·15 · 16·20 · 21·25 · 26·30 · 31·35 · 36·40

◎ 알고 있는 단어는 □에 ✓표 한 후, 듣고 따라 하세요. T19

0361 □ **toothbrush**

몡 칫솔

I like a soft **toothbrush**.
나는 부드러운 칫솔을 좋아한다.

0362 □ **toothpaste**

몡 치약

You need to squeeze the **toothpaste** tube
harder. 너는 치약을 좀 더 세게 짤 필요가 있다.

0363 □ **soap**

몡 비누 *soap dish 비누 그릇

I need a bar of **soap**.
나는 비누 한 개가 필요하다.

0364 □ **shampoo**

몡 샴푸

We are out of **shampoo**.
우리는 샴푸가 다 떨어졌다.

0365 □ **conditioner**

몡 컨디셔너

I always use **conditioner** after shampoo.
나는 샴푸 후에 항상 컨디셔너를 사용한다.

0366 □ **shower gel**

몡 샤워 젤

This **shower gel** smells very good.
이 샤워 젤은 냄새가 정말 좋다.

0367 □ **cotton swab**

몡 면봉

You can clean your ears with **cotton swab**s.
너는 면봉으로 귀를 청소하면 된다.

0368 □ **body lotion**

몡 바디로션

I put a handful of **body lotion** on my arms.
나는 팔에 바디로션을 한 줌 발랐다.

0369 □ **comb**

몡 빗 동 빗다, 빗질하다

I carry a **comb** in my backpack.
나는 배낭에 빗을 가지고 다닌다.

0370 □ **razor**

몡 면도기, 면도칼

My dad puts his **razor**s in the bathroom cabinet.
나의 아빠는 욕실 수납장에 면도기를 넣어 두신다.

0371 □ **hair dryer**

명 헤어드라이어

The **hair dryer** is in the cabinet under the sink.
헤어드라이어는 세면대 아래 수납장에 있다.

0372 □ **scale**

명 체중계, 저울

I check my weight on the **scale** every day.
나는 매일 체중계로 몸무게를 확인한다.

0373 □ **mirror**

명 거울

I looked in the **mirror** to check my hair.
나는 머리를 살펴보려고 거울을 들여다 보았다.

0374 □ **towel**

명 수건

Can you change this wet **towel**?
이 젖은 수건을 좀 바꿔 주실래요?

0375 □ **tap**

명 수도꼭지 동 가볍게 두드리다

Please turn off the **tap** after you use it.
사용 후에는 수도꼭지를 잠그세요.

0376 □ **sink**

명 싱크대, 개수대, 세면대 동 가라앉다

We changed our bathroom **sink**.
우리는 욕실 세면대를 교체했다.

0377 □ **bathtub**

명 욕조

Put water in the **bathtub** first.
먼저 욕조에 물을 받아라.

0378 □ **toilet**

명 변기, 화장실

Don't forget to flush the **toilet**.
변기에 물 내리는 것을 잊지 마라.

0379 □ **toilet paper**

명 (화장실용) 화장지, 휴지

Don't use up all the **toilet paper**.
화장지를 다 쓰지 마라.

0380 □ **bath mat**

명 욕실용 매트

My mom put a **bath mat** in front of the door.
나의 엄마는 문 앞에 욕실용 매트를 놓으셨다.

Shopping 쇼핑

◎ 알고 있는 단어는 □에 ✓표 한 후, 듣고 따라 하세요. T20

0381 □ **buy**

동 사다, 구입하다

I want to **buy** a new bike.
나는 새 자전거를 사고 싶다.

0382 □ **sell**

동 팔다, 팔리다

My uncle will **sell** his old car.
나의 삼촌은 그의 오래된 자동차를 팔 것이다.

0383 □ **choose**

동 고르다, 선택하다

I can't **choose** between them.
나는 그 둘 중에서 고를 수가 없다.

0384 □ **pay**

동 (돈을) 내다, 지불하다

I **paid** for the tickets in cash.
나는 현금으로 표 값을 지불했다.

0385 □ **exchange**

동 교환하다

I want to **exchange** this shirt for a bigger one.
나는 이 셔츠를 좀 더 큰 것으로 교환하고 싶다.

0386 □ **return**

동 반납하다, 돌려주다

I need to **return** these pants, please.
저는 이 바지를 반품하고 싶어요.

0387 □ **refund**

명 환불 동 환불하다

I got a **refund** for the broken umbrella.
나는 망가진 우산을 환불 받았다.

0388 □ **gift**

명 선물

I need to buy a birthday **gift** for my mom.
나는 엄마의 생신 선물을 살 필요가 있다.

0389 □ **price**

명 값, 가격

Can you check the **price** for me?
나에게 가격을 좀 확인해 주시겠어요?

$49.99
$89.99

0390 □ **money**

명 돈

You should not spend more **money** on games.
너는 게임에 돈을 더 쓰면 안 된다.

0391 ☐ **cash**

명 현금, 현찰

We had to pay for the new bike in **cash**.
우리는 현금으로 새 자전거 값을 지불해야 했다.

0392 ☐ **coin**

명 동전

Can I change these **coin**s into bills?
이 동전들을 지폐로 교환해 줄 수 있나요?

0393 ☐ **bill**

명 지폐, 계산서, 청구서

The shop owner was counting the **bill**s.
가게 주인이 지폐를 세고 있었다.

0394 ☐ **credit card**

명 신용 카드

She charged it to her **credit card**.
그녀는 그것을 신용 카드로 결제했다.

0395 ☐ **market**

명 시장

I got this lamp at a flea **market**.
나는 이 램프를 벼룩시장에서 샀다.

0396 ☐ **store**

명 가게, 상점 동 저장하다

The **store** opens at 10:00 a.m. and closes at 8:00 p.m.
그 가게는 오전 10시에 열고 오후 8시에 닫는다.

0397 ☐ **department store**

명 백화점 *mall 쇼핑몰

Let's meet at the **department store** this weekend.
이번 주말에 백화점에서 만나자.

0398 ☐ **sale**

명 판매, 세일, 할인 판매

All the winter boots are on **sale** now.
모든 겨울 부츠는 지금 세일 중이다.

0399 ☐ **discount**

명 할인 동 할인하다

I will get a 10 percent student **discount**.
나는 10퍼센트 학생 할인을 받을 것이다.

0400 ☐ **purchase**

명 구입, 구매 동 구입하다

That was such a wise **purchase**.
그것은 정말 현명한 구매였다.

Review Test

A 주어진 철자를 바르게 나열하여 단어를 완성하세요.

1 n a f _____　　2 a s c h _____

3 l n p t a _____　　4 w e t o l _____

5 t s r e o _____　　6 c o s h o e _____

7 m k a r e t _____　　8 i l p o l w _____

9 n g h e a r _____　　10 s c e l o t _____

B 빈칸에 알맞은 글자를 써넣어 단어를 완성한 후, 그 글자들로 이루어진 단어를 쓰세요.

1
p o □
m i □ r o r
□ l □ m p
t o □

_____

2
c o m □
□ s □ a p
d r a □ e r
t o i □ e t

_____

3
d i □ h
s □ o o p
r □ z o r
b i □ l
d □ s k

_____

4
c a r □ e t
f o □ k
k n □ f e
c l o □ k
o v □ n

_____

C 셀로판지를 사용하여 숨어 있는 단어를 <u>모두</u> 찾아 쓰세요.

dgkwghblanketzcxg
wghnrefrigeratorvbcvhtap
wghnreturnvg
dkwghncurtainbcvxwg

_____

_____

_____

_____

D 빈칸에 주어진 글자로 시작하는 알맞은 단어를 써넣어 문장을 완성하세요.

1 This is a monthly m_____.

이것은 월간지이다.

2 Can we turn on the a_____ c_____?

에어컨을 켜도 될까요?

3 Don't use up all the t_____ p_____.

화장지를 다 쓰지 마라.

4 I got a r_____ for the broken umbrella.

나는 망가진 우산을 환불 받았다.

5 I want to e_____ this shirt for a bigger one.

나는 이 셔츠를 좀 더 큰 것으로 교환하고 싶다.

School Life 학교생활

01·05   06·10   11·15   16·20   21·25   26·30   31·35   36·40

◎ 알고 있는 단어는 □에 √표 한 후, 듣고 따라 하세요. T21

0401 □ **class**
명 학급, 반, 수업
I need to bring clay to art **class**.
나는 미술 수업에 점토를 가져 올 필요가 있다.

0402 □ **homework**
명 숙제
I try to finish my **homework** before dinner.
나는 저녁 식사 전에 숙제를 마치려고 한다.

0403 □ **break**
명 쉬는 시간, 휴식 시간 ⑪ recess 동 깨다, 부수다
I had a snack during my **break**.
나는 쉬는 시간 동안 간식을 먹었다.

0404 □ **exam**
명 시험 = examination
I am going to the library to study for the **exam**.
나는 시험 공부를 하기 위해 도서관에 갈 것이다.

0405 □ **education**
명 교육
My parents emphasize the importance of **education**.
나의 부모님은 교육의 중요성을 강조하신다.

0406 □ **textbook**
명 교과서
This is the new math **textbook**.
이것은 새 수학 교과서이다.

0407 □ **math**
명 수학 = mathematics
I have a **math** quiz tomorrow.
나는 내일 수학 시험이 있다.

0408 □ **history**
명 역사
I have **history** class during second period.
나는 2교시에 역사 수업이 있다.

0409 □ **science**
명 과학
I like **science** because we do experiments.
우리가 실험을 하기 때문에 나는 과학을 좋아한다.

0410 □ **social studies**
명 사회
Social studies is the best class to me.
사회는 나에게 최고의 수업이다.

0411 □ **music**

명 음악

We learned how to play the drums in **music** class.
우리는 음악 시간에 드럼 연주하는 법을 배웠다.

0412 □ **art**

명 미술, 예술

We went on a field trip for our **art** class.
우리는 미술 시간에 야외 학습을 나갔다.

0413 □ **P.E.**

명 체육 = physical education

We have **P.E.** class twice a week.
우리는 일주일에 두 번 체육 수업이 있다.

0414 □ **ethics**

명 윤리, 도덕

We had a discussion in **ethics** class.
우리는 도덕 시간에 토론을 했다.

0415 □ **home economics**

명 가정

We practiced how to sew in **home economics**.
우리는 가정 시간에 바느질 연습을 했다.

0416 □ **geography**

명 지리학

I have to write a report for **geography**.
나는 지리 보고서를 써야 한다.

0417 □ **Chinese characters**

명 한문

Chinese characters is a difficult subject to study.
한문은 공부하기 어려운 과목이다.

0418 □ **physics**

명 물리학

My brother wants to major in **physics**.
나의 형은 물리학을 전공하고 싶어한다.

0419 □ **chemistry**

명 화학

I didn't do well on my **chemistry** exam.
나는 화학 시험을 잘 보지 못했다.

0420 □ **biology**

명 생물학

What do you learn in **biology**?
너는 생물 시간에 무엇을 배우니?

DAY 22

Friendship 교우 관계

01·05 06·10 11·15 16·20 21·25 26·30 31·35 36·40

◎ 알고 있는 단어는 □에 ✓표 한 후, 듣고 따라 하세요. 🎧T22

0421 □ **friend**

명 친구, 벗

I love to spend time with my **friend**s.
나는 친구들과 시간 보내는 것을 정말 좋아한다.

0422 □ **like**

동 좋아하다

I **like** to go shopping with you.
나는 너와 쇼핑하러 가는 것을 좋아한다.

0423 □ **close**

형 가까운 동 닫다, 닫히다

I will invite all my **close** friends to my birthday party.
나는 내 생일 파티에 가까운 친구들을 모두 초대할 것이다.

0424 □ **true**

형 진짜의, 사실인, 진정한

True friendship is about caring for each other.
진정한 우정은 서로를 배려하는 것이다.

0425 □ **play**

동 놀다, (게임·놀이 등을) 하다 명 놀이, 연극

I **play** basketball with my friends after school.
나는 방과 후에 친구들과 농구를 한다.

0426 □ **together**

부 함께, 같이

Let's hang out **together** this weekend.
이번 주말에 같이 놀자.

0427 □ **share**

동 나누다, 함께 쓰다, 공유하다

I can **share** anything with my best friend.
나는 가장 친한 친구와 무엇이든 공유할 수 있다.

0428 □ **join**

동 가입하다, 참가하다

I'd like to **join** the soccer club.
나는 축구 클럽에 가입하고 싶다.

0429 □ **group**

명 그룹, 집단, 무리

We will do this activity in a **group**.
우리는 그룹으로 이 활동을 할 것이다.

0430 □ **classmate**

명 반 친구, 급우

I met my **classmate** at the concert.
나는 콘서트에서 반 친구를 만났다.

41·45 46·50 51·55 56·60 61·65 66·70 71·75 76·80

0431 ☐ friendship

몡 우정, 교우 관계

Our **friendship** means a lot to me.
우리의 우정은 내게 큰 의미가 있다.

0432 ☐ nickname

몡 별명

I call my friends by their **nickname**s.
나는 내 친구들을 별명으로 부른다.

0433 ☐ secret

몡 비밀 혱 비밀의

There are no **secret**s between us.
우리 사이에 비밀은 없다.

0434 ☐ introduce

동 소개하다

I **introduce**d my friends to my mom.
나는 엄마에게 내 친구들을 소개했다.

0435 ☐ greet

동 인사하다, 환영하다

He **greet**ed me with a big hug.
그는 나를 꼭 껴안으며 환영했다.

0436 ☐ chat

몡 수다, 잡담 동 수다를 떨다, 잡담을 나누다

Let's have a little **chat** about that.
그것에 대해 잠시 이야기 나누자.

0437 ☐ fight

몡 싸움 동 싸우다

He had a big **fight** with his friend.
그는 친구와 크게 싸웠다.

0438 ☐ bully

동 괴롭히다 몡 괴롭히는 사람

We should not **bully** others at any time.
우리는 언제라도 다른 사람들을 괴롭혀서는 안 된다.

0439 ☐ laugh

동 웃다 몡 웃음(소리)

We **laugh**ed a lot in the movie.
우리는 영화관에서 많이 웃었다.

0440 ☐ smile

몡 미소, 웃음 동 미소 짓다, 웃다

He was looking at me with a big **smile**.
그는 환하게 미소 지으며 나를 보고 있었다.

School Supplies 학용품

01·05 06·10 11·15 16·20 21·25 26·30 31·35 36·40

◎ 알고 있는 단어는 □에 ✓표 한 후, 듣고 따라 하세요. (T23)

0441 □ **pen**

몡 펜 *fountain pen 만년필

Can I get a blue and a red **pen**, please?
파란 펜과 빨간 펜을 줄 수 있나요?

0442 □ **pencil**

몡 연필

You can start writing in **pencil**.
너는 연필로 쓰기 시작해도 된다.

0443 □ **mechanical pencil**

몡 샤프펜슬

This **mechanical pencil** is very light.
이 샤프펜슬은 매우 가볍다.

0444 □ **eraser**

몡 지우개

I gave my **eraser** to my friend.
나는 친구에게 내 지우개를 주었다.

0445 □ **ruler**

몡 자

I need a large **ruler** for this.
이것을 재려면 큰 자가 필요하다.

0446 □ **pencil case**

몡 필통

My sister made a cute **pencil case** for me. 나의 언니는 나에게 귀여운 필통을 만들어 주었다.

0447 □ **scissors**

몡 가위

Be careful when you use the **scissors**.
가위를 사용할 때는 조심해라.

0448 □ **clip**

몡 클립

I need a bigger **clip** for this file.
이 파일에는 더 큰 클립이 필요하다.

0449 □ **sharpener**

몡 깎는 도구 *pencil sharpener 연필깎이

Can I borrow your pencil **sharpener**, please? 연필깎이를 빌릴 수 있을까요?

0450 □ **glue**

몡 풀, 접착제

You need to attach this part with **glue**.
너는 이 부분을 풀로 붙일 필요가 있다.

41-45 46-50 51-55 56-60 61-65 66-70 71-75 76-80

0451 ☐ **compass**

명 나침반, 컴퍼스

I need to bring a **compass** for my math class.
나는 수학 수업에 쓸 컴퍼스를 가지고 올 필요가 있다.

0452 ☐ **marker**

명 마커(펜), 표시

You can check it with your red **marker**.
너는 빨간색 마커로 그것을 체크하면 된다.

0453 ☐ **stapler**

명 스테이플러

Where did you put the **stapler**?
너는 스테이플러를 어디에 두었니?

0454 ☐ **paper**

명 종이

Why don't you put more **paper** in the copier?
복사기에 종이를 좀 더 넣어 줄래?

0455 ☐ **notebook**

명 공책

Please write the memo in your **notebook**.
공책에 메모하세요.

0456 ☐ **sketchbook**

명 스케치북

Don't forget to bring your **sketchbook**.
스케치북 가져오는 것을 잊지 마라.

0457 ☐ **crayon**

명 크레용

He drew a picture with the **crayon**s.
그는 크레용으로 그림을 그렸다.

0458 ☐ **paint**

명 그림물감, 페인트 동 (그림물감으로) 그리다, 페인트칠하다

We used the **paint** in our art class today.
우리는 오늘 미술 시간에 그림물감을 사용했다.

0459 ☐ **paintbrush**

명 그림 붓

Bring a **paintbrush** for your art class tomorrow.
내일 미술 시간에 그림 붓을 가져와라.

0460 ☐ **calculator**

명 계산기

We can use a **calculator** in class.
우리는 수업 시간에 계산기를 사용해도 된다.

Sports 운동

◎ 알고 있는 단어는 □에 √표 한 후, 듣고 따라 하세요. T24

0461 □ **soccer**　명 축구

I play **soccer** with my friends every Friday.
나는 매주 금요일에 친구들과 축구를 한다.

0462 □ **baseball**　명 야구, 야구공

My brother is on a **baseball** team.
나의 형은 야구팀 소속이다.

0463 □ **basketball**　명 농구, 농구공

Dad plays **basketball** with me on weekends.
아빠는 주말마다 나와 농구를 하신다.

0464 □ **volleyball**　명 배구, 배구공

I want to join the school **volleyball** team.
나는 학교 배구팀에 가입하고 싶다.

0465 □ **tennis**　명 테니스

I watched a **tennis** match after school.
나는 방과 후에 테니스 경기를 보았다.

0466 □ **badminton**　명 배드민턴

Do you want to play **badminton** with me?
너는 나와 배드민턴을 치고 싶니?

0467 □ **Ping-Pong**　명 탁구 ⊕ table tennis

Mom started to play **Ping-Pong** with her friends.
엄마는 친구분들과 탁구를 치기 시작하셨다.

0468 □ **golf**　명 골프

Dad started to teach me how to play **golf**.
아빠는 내게 골프 치는 법을 가르치기 시작하셨다.

0469 □ **taekwondo**　명 태권도

Taekwondo helps me have more confidence.
태권도는 내가 더욱 자신감을 갖도록 도와 준다.

0470 □ **judo**　명 유도

My school has a very strong **judo** team.
나의 학교에는 막강한 유도팀이 있다.

0471 □ **martial arts**

명 무술

Learning **martial arts** helps us balance ourselves.
무술을 익히는 것은 우리가 균형을 유지하는데 도움을 준다.

0472 □ **archery**

명 양궁, 활쏘기

Archery practice can help us focus better in all areas.
활쏘기 연습은 우리가 모든 분야에서 더 잘 집중하도록 도와준다.

0473 □ **hockey**

명 하키

I love to play **hockey** in winter.
나는 겨울에 하키하는 것을 정말 좋아한다.

0474 □ **boxing**

명 권투, 복싱

Boxing is a difficult sport to learn.
권투는 배우기 어려운 운동이다.

0475 □ **skiing**

명 스키 (타기)

Skiing is my favorite winter activity.
스키 타기는 내가 매우 좋아하는 겨울 활동이다.

0476 □ **skating**

명 스케이트 타기, 스케이팅

The new **skating** rink is open now.
새 스케이트장이 지금 문을 열었다.

0477 □ **swimming**

명 수영

Swimming is a great sport for exercise.
수영은 운동으로 하기에 아주 좋은 스포츠이다.

0478 □ **climbing**

명 등산, 등반 *hiking 하이킹, 도보 여행

My uncle's new hobby is rock **climbing**.
나의 삼촌의 새 취미는 암벽 등반이다.

0479 □ **player**

명 선수, 연주자

Who is your favorite soccer **player**?
네가 아주 좋아하는 축구 선수는 누구니?

0480 □ **exercise**

동 운동하다 명 운동

I need to **exercise** more to stay fit.
나는 건강을 유지하기 위해 운동을 더 할 필요가 있다.

Leisure 여가 활동

01·05　06·10　11·15　16·20　21·25　26·30　31·35　36·40

◎ 알고 있는 단어는 □에 ✓표 한 후, 듣고 따라 하세요. T25

0481 □ **piano**

몡 피아노

Playing the **piano** makes me happy.
피아노 연주는 나를 행복하게 만든다.

0482 □ **violin**

몡 바이올린

I love to play the **violin** in my free time.
나는 여가 시간에 바이올린 연주하는 것을 정말 좋아한다.

0483 □ **cello**

몡 첼로

I love the sound of the **cello**.
나는 첼로 소리를 정말 좋아한다.

0484 □ **guitar**

몡 기타

I am learning to play the **guitar** from my sister.
나는 언니에게 기타 치는 법을 배우고 있다.

0485 □ **drum**

몡 드럼, 북

I want to learn how to play the **drum**s.
나는 드럼 치는 법을 배우고 싶다.

0486 □ **flute**

몡 플루트

My cousin plays the **flute**.
나의 사촌은 플루트를 연주한다.

0487 □ **recorder**

몡 리코더, 피리, 녹음기

We played the **recorder** in music class.
우리는 음악 시간에 리코더를 연주했다.

0488 □ **trumpet**

몡 트럼펫

Dad started to take **trumpet** classes.
아빠는 트럼펫 수업을 받기 시작하셨다.

0489 □ **ukulele**

몡 우쿨렐레

Playing the **ukulele** is getting more popular these days. 우쿨렐레 연주는 요즘 더 인기를 얻고 있다.

0490 □ **ball**

몡 공

My dog loves to chase **ball**s.
나의 개는 공을 뒤쫓는 것을 정말 좋아한다.

0491 ☐ **bat**

명 (야구) 방망이, 배트

Dad bought me a new baseball **bat**.
아빠는 나에게 새 야구 방망이를 사 주셨다.

0492 ☐ **racket**

명 라켓

That is a fancy-looking tennis **racket**.
저것은 고급스러워 보이는 테니스 라켓이다.

0493 ☐ **jump rope**

동 줄넘기를 하다 명 줄넘기

I try to **jump rope** every day for exercise.
나는 매일 운동으로 줄넘기를 하려고 한다.

0494 ☐ **snowboard**

동 스노보드를 타다 명 스노보드

Young people prefer **snowboard**ing over skiing.
젊은 사람들은 스키를 타는 것보다 스노보드 타는 것을 더 좋아한다.

0495 ☐ **soccer field**

명 축구장

We have a new **soccer field** in our town.
우리 동네에 새 축구장이 생겼다.

0496 ☐ **tennis court**

명 테니스장

It's hard to find a good **tennis court** in this area.
이 지역에서 괜찮은 테니스장을 찾기가 어렵다.

0497 ☐ **swimming pool**

명 수영장

You should not run by the **swimming pool**.
너는 수영장 옆에서 뛰면 안 된다.

0498 ☐ **swing**

명 그네

I pushed my little sister on the **swing**.
나는 그네에 탄 내 여동생을 밀어 주었다.

0499 ☐ **seesaw**

명 시소

Let's play on the **seesaw**.
시소를 타자.

0500 ☐ **slide**

명 미끄럼틀

Children are going down the **slide**.
아이들이 미끄럼틀을 타고 내려오고 있다.

A 우리말과 일치하도록 빈칸에 알맞은 글자를 써넣어 단어를 완성하세요.

1 e__ __m   시험

2 __l__s__   가까운

3 __ec__e__   비밀

4 p__ __e__   종이

5 __a__g__   웃다

6 s__ __r__   나누다, 공유하다

7 __he__ __st__y   화학

8 in__r__ __u__e   소개하다

9 __du__a__i__n   교육

10 e__ __r__is__   운동하다

B 주어진 단어를 보고, 관련이 없는 하나를 골라 X표 하세요.

1 math   nickname   history   science

2 eraser   ruler   paintbrush   swing

3 tennis   volleyball   archery   glue

4 compass   bat   racket   jump rope

5 cello   flute   calculator   trumpet

정답   **A** 1 x,a 2 c,o,e 3 s,r,t 4 a,p,r 5 l,u,h 6 h,a,e 7 c,m,i,r 8 t,o,d,c 9 e,c,t,o 10 x,e,c,e
B 1 nickname 2 swing 3 glue 4 compass 5 calculator

70   VOCA Hunter 예비중학편

C 셀로판지를 사용하여 숨어 있는 단어를 <u>모두</u> 찾아 쓰세요.

tvchatkdefgreetdktextbookrs
cdoxvmarkerefdkvclimbingdpa
seftoduiwgeographydkvwdkxy

_____ _____

_____ _____

D 빈칸에 주어진 글자로 시작하는 알맞은 단어를 써넣어 문장을 완성하세요.

1 I had a snack during my b_____.

나는 쉬는 시간 동안 간식을 먹었다.

2 S_____ s_____ is the best class to me.

사회는 나에게 최고의 수업이다.

3 Let's hang out t_____ this weekend.

이번 주말에 같이 놀자.

4 He was looking at me with a big s_____.

그는 환하게 미소 지으며 나를 보고 있었다.

5 Who is your favorite soccer p_____?

네가 아주 좋아하는 축구 선수는 누구니?

Time 시간

01:05 06:10 11:15 16:20 21:25 26:30 31:35 36:40

◎ 알고 있는 단어는 □에 ✓표 한 후, 듣고 따라 하세요. 🎧 T26

0501 □ **yesterday**

부 명 어제, 과거

I took a walk to the park **yesterday**.
나는 어제 공원으로 산책하러 갔다.

0502 □ **today**

부 명 오늘, 현재

The library closes at six o'clock **today**.
그 도서관은 오늘 6시에 문을 닫는다.

0503 □ **tomorrow**

부 명 내일, 미래

I will visit my grandma **tomorrow**.
나는 내일 할머니를 방문할 것이다.

0504 □ **morning**

명 아침, 오전

I walk to school in the **morning**.
나는 아침에 걸어서 학교에 간다.

0505 □ **afternoon**

명 오후

I practice soccer in the **afternoon**.
나는 오후에 축구 연습을 한다.

0506 □ **evening**

명 저녁

My dad exercises at the gym in the **evening**.
나의 아빠는 저녁에 체육관에서 운동을 하신다.

0507 □ **night**

명 밤, 야간

I read a book every **night**.
나는 매일 밤 책을 읽는다.

0508 □ **sunrise**

명 해돋이, 일출 ⊕ sunset 일몰

We must leave home before **sunrise**.
우리는 해가 뜨기 전에 집을 나서야 한다.

0509 □ **noon**

명 정오, 낮 12시, 한낮 * midnight 자정, 밤 12시

Everyone has lunch at **noon**.
모든 사람이 정오에 점심을 먹는다.

0510 □ **now**

부 지금, 이제 * soon 곧, 머지않아, 이내

I am writing an email to my friend **now**.
나는 지금 친구에게 이메일을 쓰고 있다.

46·50   56·60   66·70   76·80
41·45   51·55   61·65   71·75

0511 □ **past**

명 과거, 지난날 형 지나간, 지난

We used to jog together in the **past**.
우리는 예전에 함께 조깅을 하곤 했다.

0512 □ **present**

명 현재, 선물 형 현재의, 참석한

I don't know where he is at **present**.
나는 그가 현재 어디에 있는지 모른다.

0513 □ **future**

명 미래, 장래 형 미래의, 향후의

I will try to exercise more in the **future**.
나는 앞으로 운동을 더 하도록 노력할 것이다.

0514 □ **hour**

명 시간, 한 시간

I could finish my homework in an **hour**.
나는 한 시간 내에 숙제를 끝낼 수 있었다.

0515 □ **minute**

명 (시간의) 분, 잠깐 * second (시간의) 초

Give me five more **minute**s to answer that.
그것에 답할 수 있게 5분만 더 줘.

0516 □ **date**

명 날짜

What's the **date** today?
오늘은 며칠이니?

0517 □ **day**

명 하루, 날, 요일, 낮

What **day** of the week is it today?
오늘은 무슨 요일이니?

0518 □ **week**

명 주, 일주일 * weekday 주중, weekend 주말

My dad will be back in a **week**.
나의 아빠는 일주일 후에 돌아오실 것이다.

0519 □ **year**

명 해, 연도, 1년

I got my puppy a **year** ago.
나는 일 년 전에 내 강아지가 생겼다.

0520 □ **century**

명 세기, 100년 * millennium 천년

We need to learn more about technology in the 21st **century**. 21세기에는 기술을 더 배울 필요가 있다.

Weather & Seasons 날씨와 계절

01·05 06·10 11·15 16·20 21·25 26·30 31·35 36·40

◎ 알고 있는 단어는 □에 √표 한 후, 듣고 따라 하세요. 🎧 T27

0521 □ **season**

⟨명⟩ 계절

We have four distinct **season**s.
우리는 사계절이 뚜렷하다.

0522 □ **spring**

⟨명⟩ 봄

There are many flower blossoms in the **spring**.
봄에는 많은 꽃들이 핀다.

0523 □ **summer**

⟨명⟩ 여름

We enjoy swimming in the **summer**.
우리는 여름에 수영을 즐긴다.

0524 □ **autumn**

⟨명⟩ 가을 ⟨미⟩ fall

Leaves change colors in the **autumn**.
나뭇잎들은 가을에 색이 변한다.

0525 □ **winter**

⟨명⟩ 겨울

We need to dress warmly in the **winter**.
우리는 겨울에 옷을 따뜻하게 입을 필요가 있다.

0526 □ **weather**

⟨명⟩ 날씨

The **weather** this week was perfect.
이번 주 날씨는 완벽했다.

0527 □ **warm**

⟨형⟩ 따뜻한 ⟨동⟩ 따뜻하게 하다, 데우다

This blanket will keep you **warm**.
이 담요가 너를 따뜻하게 해 줄 것이다.

0528 □ **hot**

⟨형⟩ 더운, 매운

It's **hot** and humid this summer.
올 여름은 덥고 습하다.

0529 □ **cool**

⟨형⟩ 시원한, 서늘한 ⟨동⟩ 식다, 식히다

It's getting **cool** these days.
요즈음 날씨가 시원해지고 있다.

0530 □ **cold**

⟨형⟩ 추운, 차가운 ⟨명⟩ 추위, 감기

We have to prepare **cold** weather
clothes. 우리는 추운 날씨에 입을 옷을 준비해야 한다.

41·45　46·50　51·55　56·60　61·65　66·70　71·75　76·80

0531 ☐ **freezing**　［형］ 몹시 추운, 영하의

Please turn on the heater because it's freezing here.
여기는 너무 추우니 난방기를 틀어 주세요.

0532 ☐ **frost**　［명］ 서리, 성에

The plants are covered with frost.
식물들이 서리로 뒤덮였다.

0533 ☐ **favorite**　［형］ 매우 좋아하는, 마음에 드는

Winter is my favorite season because I love to ski.
나는 스키 타기를 아주 좋아하기 때문에 겨울은 내가 매우 좋아하는 계절이다.

0534 ☐ **flower**　［명］ 꽃

We will go to the flower market today.
우리는 오늘 꽃 시장에 갈 것이다.

0535 ☐ **bloom**　［동］ 꽃이 피다, 꽃을 피우다

Beautiful flowers bloom in this garden.
아름다운 꽃들이 이 정원에서 핀다.

0536 ☐ **leaf**　［명］ (나뭇)잎

I picked up a fallen autumn leaf from the ground.
나는 땅에서 가을 낙엽 하나를 주웠다.

0537 ☐ **fall**　［동］ 떨어지다 ［명］ 가을

Autumn leaves start to fall.
가을 나뭇잎들이 떨어지기 시작한다.

0538 ☐ **snowman**　［명］ 눈사람

Let's build a snowman together.
함께 눈사람을 만들자.

0539 ☐ **off-season**　［명］ 비수기

Airlines offer lower prices during the off-season.
항공사는 비수기에 더 낮은 가격을 제공한다.

0540 ☐ **busy season**　성수기

The prices go up during the busy season.
가격이 성수기에는 오른다.

◎ 알고 있는 단어는 □에 √표 한 후, 듣고 따라 하세요. ◖T28◗

0541 □ **Sunday**

명 일요일

We always have lunch together on **Sunday**.
우리는 일요일에 항상 점심을 같이 먹는다.

0542 □ **Monday**

명 월요일

I have science and history on **Monday**s.
나는 월요일마다 과학과 역사 수업이 있다.

0543 □ **Tuesday**

명 화요일

I have my piano lesson on **Tuesday**s.
나는 화요일마다 피아노 수업을 받는다.

0544 □ **Wednesday**

명 수요일

The librarian is off on **Wednesday**s.
그 사서는 수요일마다 쉰다.

0545 □ **Thursday**

명 목요일

The museum is closed on **Thursday**s.
그 박물관은 목요일마다 문을 닫는다.

0546 □ **Friday**

명 금요일

We usually have a club meeting on **Friday**s.
우리는 보통 금요일마다 동아리 모임을 갖는다.

0547 □ **Saturday**

명 토요일

Let's go see a movie this **Saturday**.
이번 토요일에 영화 보러 가자.

0548 □ **January**

명 1월

The year starts in **January**.
한 해는 1월에 시작된다.

0549 □ **February**

명 2월

We celebrate Valentine's Day in **February**.
우리는 2월에 밸런타인데이를 기념한다.

0550 □ **March**

명 3월

School begins in **March** in my country.
학교가 우리나라에서는 3월에 시작된다.

41-45 46-50 51-55 56-60 61-65 66-70 71-75 76-80

0551 ☐ **April**

명 4월

My mom's birthday is in **April**.
나의 엄마의 생신은 4월에 있다.

0552 ☐ **May**

명 5월

We love to go on picnics in **May**.
우리는 5월에 소풍 가는 것을 정말 좋아한다.

0553 ☐ **June**

명 6월

The swimming pool opens in **June**.
그 수영장은 6월에 개장한다.

0554 ☐ **July**

명 7월

The summer vacation begins in **July** in our country.
여름 방학이 우리나라에서는 7월에 시작된다.

0555 ☐ **August**

명 8월

Many people take summer vacations in **August**.
많은 사람들이 8월에 여름 휴가를 간다.

0556 ☐ **September**

명 9월

The second semester starts in **September** in our country.
2학기가 우리나라에서는 9월에 시작된다.

0557 ☐ **October**

명 10월

The last day of **October** is Halloween.
10월의 마지막 날은 핼러윈이다.

0558 ☐ **November**

명 11월

American Thanksgiving is in **November**.
미국의 추수 감사절은 11월에 있다.

0559 ☐ **December**

명 12월

We celebrate Christmas in **December**.
우리는 12월에 크리스마스를 기념한다.

0560 ☐ **month**

명 달, 월, 개월

It's only one more **month** until my birthday.
내 생일까지 딱 한 달 남았다.

◎ 알고 있는 단어는 □에 √표 한 후, 듣고 따라 하세요. **T29**

0561 □ **birthday**

명 생일

My mom prepared a surprise **birthday** party for me.
엄마는 나를 위해 깜짝 생일 파티를 준비하셨다.

0562 □ **holiday**

명 휴가, 공휴일

What will we do this **holiday**?
우리는 이번 휴일에 무엇을 할까?

0563 □ **festival**

명 축제, 기념제

Holi is a famous annual **festival** in India.
홀리는 인도에서 해마다 열리는 유명한 축제이다.

0564 □ **field trip**

명 현장 학습

We will go on a **field trip** to the museum.
우리는 박물관으로 현장 학습을 갈 것이다.

0565 □ **graduation**

명 졸업, 졸업식

We went to my brother's **graduation** ceremony.
우리는 형의 졸업식에 갔다.

0566 □ **anniversary**

명 기념일

They celebrated their 20th wedding **anniversary**.
그들은 결혼 20주년을 기념했다.

0567 □ **housewarming**

명 집들이

My uncle invited us to his **housewarming** party.
나의 삼촌은 집들이 파티에 우리를 초대하셨다.

0568 □ **congratulations**

명 축하 (인사)

Please accept my **congratulations** on your success.
당신의 성공에 대한 제 축하를 받아 주세요.

0569 □ **celebrate**

동 기념하다, 축하하다

Let's **celebrate** our team's victory.
우리 팀의 승리를 축하하자.

0570 □ **New Year's Day**

명 새해 첫날, 설날, 1월 1일

We have breakfast together on **New Year's Day**.
우리는 새해 첫날에 아침을 함께 먹는다.

0571 ☐ **Lunar New Year's Day**

⟨명⟩ 음력 설날, 정월 초하루

On **Lunar New Year's Day** we have a memorial service for our ancestors. 음력 설날에 우리는 조상님께 차례를 지낸다.

0572 ☐ **Valentine's Day**

⟨명⟩ 밸런타인데이

We exchange chocolates on **Valentine's Day**.
우리는 밸런타인데이에 초콜릿을 교환한다.

0573 ☐ **Easter**

⟨명⟩ 부활절

They decorated eggs on **Easter**.
그들은 부활절에 달걀을 장식했다.

0574 ☐ **Buddha's Birthday**

⟨명⟩ 석가탄신일

They display street lanterns during **Buddha's Birthday**.
그들은 석가탄신일 동안 거리에 등을 단다.

0575 ☐ **Children's Day**

⟨명⟩ 어린이날

Children get lots of presents on **Children's Day**.
아이들은 어린이날에 많은 선물을 받는다.

0576 ☐ **Parents' Day**

⟨명⟩ 어버이날

We give carnations to our parents on **Parents' Day**.
우리는 어버이날에 부모님께 카네이션을 드린다.

0577 ☐ **Teacher's Day**

⟨명⟩ 스승의 날

Our class wrote a poem for our teacher on **Teacher's Day**. 우리 반은 스승의 날에 선생님을 위해 시를 썼다.

0578 ☐ **Halloween**

⟨명⟩ 핼러윈

People wear different costumes on **Halloween**. 사람들은 핼러윈에 다양한 분장을 한다.

0579 ☐ **Thanksgiving**

⟨명⟩ 추수 감사절

Americans have turkey for **Thanksgiving** dinner.
미국인들은 추수 감사절 저녁으로 칠면조를 먹는다.

0580 ☐ **Christmas**

⟨명⟩ 크리스마스, 성탄절

Christmas falls on a Monday this year.
성탄절이 올해는 월요일이다.

01·05　06·10　11·15　16·20　21·25　26·30　31·35　36·40

◎ 알고 있는 단어는 □에 √표 한 후, 듣고 따라 하세요. T30

0581 □ **hobby**
ⓜ 취미
I will find a new **hobby** this year.
나는 올해 새 취미를 찾을 것이다.

0582 □ **camp**
ⓥ 야영하다, 캠핑을 하다 ⓜ 야영지, 캠프
We go **camp**ing every summer.
우리는 매해 여름에 캠핑하러 간다.

0583 □ **hike**
ⓥ 하이킹하다, 도보 여행을 하다 ⓜ 하이킹, 도보 여행
My dad loves to go **hiking** in his free time.
나의 아빠는 여가 시간에 하이킹하는 것을 정말 좋아하신다.

0584 □ **shop**
ⓥ 물건을 사다, 쇼핑하다 ⓜ 가게, 상점
We went **shop**ping together for Christmas.
우리는 크리스마스를 위해 함께 쇼핑하러 갔다.

0585 □ **activity**
ⓜ 활동
Windsurfing is a great **activity** on windy days.
윈드서핑은 바람 부는 날에 할 수 있는 아주 멋진 활동이다.

0586 □ **game**
ⓜ 게임, 경기, 시합
You should spend less time playing computer **game**s.
너는 컴퓨터 게임을 하는데 시간을 덜 써야 한다.

0587 □ **movie**
ⓜ 영화
Let's watch a **movie** after school.
방과 후에 영화를 보자.

0588 □ **cartoon**
ⓜ 만화, 만화 영화
I watch **cartoon**s on Saturday mornings.
나는 토요일 아침마다 만화 영화를 본다.

0589 □ **comic book**
ⓜ 만화책
My brother collects **comic book**s.
나의 형은 만화책들을 모은다.

0590 □ **free time**
자유 시간, 여가 시간
I love to read in my **free time**.
나는 여가 시간에 독서하는 것을 정말 좋아한다.

0591 □ **fun**

형 재미있는, 즐거운 명 재미, 즐거움

This is a **fun** activity to do with your friends.
이것은 네 친구들과 함께 할 만한 재미있는 활동이다.

0592 □ **listen**

동 듣다

I like to **listen** to Korean pop music.
나는 한국 대중음악 듣는 것을 좋아한다.

0593 □ **draw**

동 그리다, 끌다

I want to get better at **draw**ing pictures.
나는 그림 그리기를 더 잘하고 싶다.

0594 □ **enjoy**

동 즐기다

I **enjoy** jogging with my dog.
나는 개와 함께 조깅하는 것을 즐긴다.

0595 □ **relax**

동 휴식을 취하다, 진정하다

We can **relax** at the beach on weekends.
우리는 주말마다 해변에서 쉴 수 있다.

0596 □ **collect**

동 모으다, 수집하다

My grandpa **collect**s stamps and coins.
나의 할아버지는 우표와 동전들을 모으신다.

0597 □ **read**

동 읽다

I will try to **read** more books this year.
나는 올해 더 많은 책을 읽으려고 노력할 것이다.

0598 □ **dance**

동 춤추다 명 춤

We like to **dance** to hip-hop music.
우리는 힙합 음악에 맞춰 춤추는 것을 좋아한다.

0599 □ **ride**

동 (말·차량·자전거 등을) 타다

My brother **ride**s his bike to school every
day. 나의 형은 매일 학교에 자전거를 타고 간다.

0600 □ **knit**

동 뜨개질하다

My grandma is really good at **knit**ting.
나의 할머니는 뜨개질을 정말 잘하신다.

A 주어진 단어를 보고, 순서에 맞게 빈칸에 알맞은 단어를 쓰세요.

1 | morning | | evening | night |

2 | spring | summer | autumn | |

3 | Tuesday | Wednesday | | Friday |

4 | | August | September | October |

B 빈칸에 알맞은 글자를 써넣어 단어를 완성한 후, 그 글자들로 이루어진 단어를 쓰세요.

1
r e ☐ a x
r ☐ a d
d r ☐ w
☐ a l l

_____

2
s h o ☐
c ☐ m p
s e a ☐ o n
l i s ☐ e n

_____

3
g a ☐ e
h ☐ u r
k ☐ i t
d a ☐ e
☐ i k e

_____

4
☐ u n
w a ☐ m
☐ n o n
E a ☐ t e r
f u ☐ u r e

_____

정답 **A** 1 afternoon 2 winter 3 Thursday 4 July
B 1 l, e, a, f, leaf 2 p, a, s, t, past 3 m, o, n, t, h, month 4 f, r, o, s, t, frost

82 VOCA Hunter 예비중학편

C 셀로판지를 사용하여 숨어 있는 단어를 <u>모두</u> 찾아 쓰세요.

_____   _____

_____   _____

D 빈칸에 주어진 글자로 시작하는 알맞은 단어를 써넣어 문장을 완성하세요.

1 I love to read in my f_____ t_____.

나는 여가 시간에 독서하는 것을 정말 좋아한다.

2 C_____ falls on a Monday this year.

성탄절이 올해는 월요일이다.

3 Give me five more m_____s to answer that.

그것에 답할 수 있게 5분만 더 줘.

4 Windsurfing is a great a_____ on windy days.

윈드서핑은 바람 부는 날에 할 수 있는 아주 멋진 활동이다.

5 We will go on a f_____ t_____ to the museum.

우리는 박물관으로 현장 학습을 갈 것이다.

Places I 장소 I

01-05 06-10 11-15 16-20 21-25 26-30 31-35 36-40

◎ 알고 있는 단어는 □에 ✓표 한 후, 듣고 따라 하세요. T31

0601 □ **country**
명 시골, 나라, 국가
We went to the **country** last weekend.
우리는 지난 주말에 시골에 갔다.

0602 □ **farm**
명 농장
Mr. and Mrs. Smith live on a **farm**.
Smith 씨 부부는 농장에서 산다.

0603 □ **city**
명 도시
Tokyo is the biggest **city** in Japan.
도쿄는 일본에서 가장 큰 도시이다.

0604 □ **downtown**
부 시내에 형 시내의, 번화가의
There was heavy traffic **downtown**.
시내에서는 교통이 몹시 혼잡했다.

0605 □ **building**
명 건물
You will find many historic **building**s in this area.
너는 이 지역에서 역사적인 건물들을 많이 발견할 것이다.

0606 □ **office**
명 사무실
He is working in his **office** now.
그는 지금 사무실에서 일을 하고 있다.

0607 □ **factory**
명 공장
Hundreds of workers are working at the car **factory**.
수백 명의 노동자들이 자동차 공장에서 일하고 있다.

0608 □ **apartment**
명 아파트
We can have small pets in our **apartment**.
우리 아파트에서는 작은 애완동물들을 키울 수 있다.

0609 □ **hotel**
명 호텔
This **hotel** has a great ocean view.
이 호텔은 바다가 보이는 멋진 전망이 있다.

0610 □ **church**
명 교회
There is a **church** over the hill.
언덕 위에 교회가 있다.

0611 ☐ **convenience store**

명 편의점

Where can I find a **convenience store** near here?
이 근처에 편의점이 어디에 있나요?

0612 ☐ **road**

명 (차가 다니는) 도로, 길

There is a nice café down the **road**.
그 길을 쭉 가면 멋진 카페가 있다.

0613 ☐ **street**

명 (시내의) 길, 거리, 도로

The post office is just across the **street**.
우체국은 바로 길 건너편에 있다.

0614 ☐ **bus stop**

명 버스 정류장 * taxi stop 택시 정류장

I met my cousin at the **bus stop**.
나는 버스 정류장에서 사촌을 만났다.

0615 ☐ **subway station**

명 지하철역 * train station 기차역

Please tell me how to get to the **subway station**.
지하철역까지 가는 방법을 알려 주세요.

0616 ☐ **gas station**

명 주유소

We need to stop by the **gas station**.
우리는 주유소에 잠시 들를 필요가 있다.

0617 ☐ **police station**

명 경찰서

The police took the man to the **police station**.
경찰이 그 남자를 경찰서로 데리고 갔다.

0618 ☐ **fire station**

명 소방서

The class went on a field trip to the **fire station**.
그 반은 소방서로 현장 학습을 갔다.

0619 ☐ **post office**

명 우체국

I need to go to the **post office** to send this package.
나는 이 소포를 부치러 우체국에 갈 필요가 있다.

0620 ☐ **airport**

명 공항

Can you give me a ride to the **airport**?
공항까지 저를 태워 주시겠어요?

Places Ⅱ 장소 Ⅱ

◎ 알고 있는 단어는 □에 ✓표 한 후, 듣고 따라 하세요. T32

0621 ☐ **school** 　명 학교

My **school** is very close to my house.
나의 학교는 집과 아주 가깝다.

0622 ☐ **restaurant** 　명 식당, 음식점, 레스토랑

This is the most popular **restaurant** in this area.
이곳은 이 지역에서 가장 인기 있는 식당이다.

0623 ☐ **bakery** 　명 제과점, 빵집

The **bakery** is famous for its apple pies.
그 빵집은 애플파이로 유명하다.

0624 ☐ **museum** 　명 박물관, 미술관

Which way is the art **museum**, please?
미술관은 어느 쪽에 있나요?

0625 ☐ **library** 　명 도서관

Let's meet in front of the **library** at three.
3시에 도서관 앞에서 만나자.

0626 ☐ **bookstore** 　명 서점

I spent an hour at the **bookstore** this afternoon.
나는 오늘 오후에 서점에서 1시간을 보냈다.

0627 ☐ **stationery store** 　명 문구점

I bought some pencils at the **stationery store**.
나는 문구점에서 연필 몇 자루를 샀다.

0628 ☐ **bank** 　명 은행

There is a long line at the **bank**.
은행에 줄이 길게 서 있다.

0629 ☐ **theater** 　명 극장, 영화관

Let's go to the **theater** this Sunday.
이번 일요일에 극장에 가자.

0630 ☐ **drugstore** 　명 (약·화장품 등을 파는) 약국

There is a **drugstore** right next to our building.
우리 건물 바로 옆에 약국이 있다.

41-45 46-50 51-55 56-60 61-65 66-70 71-75 76-80

0631 ☐ **pharmacy**

명 약국, 조제실

I dropped by the **pharmacy** for some cold medicine.
나는 감기약을 좀 사려고 약국에 잠깐 들렀다.

0632 ☐ **hospital**

명 병원

They drove injured people to the **hospital**.
그들은 부상당한 사람들을 병원으로 실어 날랐다.

0633 ☐ **park**

명 공원

We will have soccer practice in the **park**.
우리는 공원에서 축구 연습을 할 것이다.

0634 ☐ **amusement park**

명 놀이공원

My dad took me to the **amusement park** yesterday.
아빠는 어제 나를 놀이공원에 데리고 가셨다.

0635 ☐ **zoo**

명 동물원

There are many wild animals at the **zoo**.
그 동물원에는 야생동물이 많이 있다.

0636 ☐ **café**

명 카페

My mom waited for me at the **café**.
나의 엄마는 카페에서 나를 기다리셨다.

0637 ☐ **flower shop**

명 꽃 가게, 꽃집

My aunt just opened a **flower shop**.
나의 이모는 꽃 가게를 막 여셨다.

0638 ☐ **beauty salon**

명 미용실

I need to go to the **beauty salon** for a haircut.
나는 머리를 자르러 미용실에 갈 필요가 있다.

0639 ☐ **Laundromat**

명 빨래방, (동전을 넣고 사용하는) 세탁기

The **Laundromat** is crowded on weekends. 그 빨래방은 주말마다 붐빈다.

0640 ☐ **vendor**

명 노점상

There are many street **vendor**s in front of our school.
우리 학교 앞에는 노점상들이 많이 있다.

Locations 위치

◎ 알고 있는 단어는 □에 √표 한 후, 듣고 따라 하세요. T33

0641 □ **in**

전 ~ (안)에

I put two more books **in** my backpack.
나는 배낭에 책을 두 권 더 넣었다.

0642 □ **on**

전 ~ 위에

Can you put the cup **on** this table?
이 탁자 위에 컵을 놓아 주시겠어요?

0643 □ **under**

전 ~ 아래에, ~ 밑에

I put my bag **under** the table.
나는 탁자 아래에 가방을 두었다.

0644 □ **above**

전 ~보다 위에

We were flying **above** the clouds.
우리는 구름 위를 날고 있었다.

0645 □ **between**

전 (둘) 사이에, 중간에

The library is **between** the bakery and the theater.
도서관은 빵집과 극장 사이에 있다.

0646 □ **by**

전 ~의 옆에

You can see many beautiful buildings **by** the river.
너는 강변에서 아름다운 건물들을 많이 볼 수 있다.

0647 □ **next to**

~의 바로 옆에

There is a flower shop **next to** the bank.
그 은행 옆에 꽃 가게가 있다.

0648 □ **in front of**

~의 앞에

There is a bus stop **in front of** that building.
저 건물 앞에 버스 정류장이 있다.

0649 □ **behind**

전 뒤에

You will find the statue **behind** the museum.
너는 박물관 뒤에 있는 동상을 보게 될 것이다.

0650 □ **at the back of**

~의 뒤에, ~의 뒤쪽에

There is a pond **at the back of** our house.
우리 집 뒤쪽에 연못이 있다.

41·45　46·50　51·55　56·60　61·65　66·70　71·75　76·80

0651 □ **in the middle of** ～의 중앙에, 한가운데에 * center 중심. 중앙

There is a piano **in the middle of** the big room.
커다란 방 한가운데에 피아노가 한 대 있다.

0652 □ **across** 〔전〕 가로질러, 건너편에 〔부〕 건너서, 가로질러, 맞은편에

There is a playground **across** the street.
길 건너편에 놀이터가 있다.

0653 □ **around** 〔전〕 ～의 주위에, 둘레에 〔부〕 주위에, 둘레에, 여기저기에

I want to travel **around** the world.
나는 세계 일주를 하고 싶다.

0654 □ **from** 〔전〕 ～로부터

The post office is far **from** here.
우체국은 여기서 멀다.

0655 □ **into** 〔전〕 ～ 안으로

All of them ran **into** the house.
그들 모두 집 안으로 뛰어 들어갔다.

0656 □ **out of** ～의 밖으로

The students came **out of** the auditorium.
학생들이 강당 밖으로 나왔다.

0657 □ **up** 〔부〕 위로, 위에

We can see an airplane **up** in the sky.
우리는 하늘 위에 떠 있는 비행기를 볼 수 있다.

0658 □ **down** 〔전〕〔부〕 아래로, 아래에

My dog ran **down** the stairs.
나의 개가 계단 아래로 뛰어 내려갔다.

0659 □ **upstairs** 〔부〕 위층에, 2층에, 위층으로

He went **upstairs** to get some rest.
그는 휴식을 좀 취하려고 2층으로 올라갔다.

0660 □ **downstairs** 〔부〕 아래층에, 아래층에서

The boy rushed **downstairs** to greet the guest.
그 소년은 손님을 맞으러 아래층으로 급히 내려갔다.

Countries 나라

01-05　06-10　11-15　16-20　21-25　26-30　31-35　36-40

◎ 알고 있는 단어는 □에 ✓표 한 후, 듣고 따라 하세요. T34

0661 □ **America**

명 미국

America is also called the U.S.A.
미국은 U.S.A.라고 불리기도 한다.

0662 □ **Australia**

명 호주, 오스트레일리아

Australia has unique animals including koalas and kangaroos. 호주는 코알라와 캥거루를 포함하여 특이한 동물들이 있다.

0663 □ **Brazil**

명 브라질

The Amazon River flows through **Brazil**.
아마존강은 브라질을 통과해서 흐른다.

0664 □ **Canada**

명 캐나다

The capital city of **Canada** is Ottawa.
캐나다의 수도는 오타와이다.

0665 □ **China**

명 중국

China hosted the 2008 Summer Olympic Games in Beijing. 중국은 베이징에서 2008년 하계 올림픽을 개최했다.

0666 □ **England**

명 영국

England is famous for its royal family.
영국은 왕실로 유명하다.

0667 □ **France**

명 프랑스

France is one of the most visited countries in the world.
프랑스는 세계에서 사람들이 가장 많이 방문하는 나라들 중 하나이다.

0668 □ **Germany**

명 독일

Germany is known for car manufacturing.
독일은 자동차 생산으로 유명하다.

0669 □ **India**

명 인도

India has the second largest population in the world.
인도는 세계에서 두 번째로 인구가 많다.

0670 □ **Italy**

명 이탈리아

I want to visit many cities in **Italy**.
나는 이탈리아에 있는 많은 도시들을 방문하고 싶다.

0671 ☐ **Japan**

⒨ 일본

Japan is an island with many large cities.
일본은 대도시들이 많은 섬이다.

0672 ☐ **Korea**

⒨ 한국

In **Korea**, babies are considered one year old at birth.
한국에서는 아기들이 태어나자마자 한 살로 친다.

0673 ☐ **Mexico**

⒨ 멕시코

The main language in **Mexico** is Spanish.
멕시코에서 주요 언어는 스페인어이다.

0674 ☐ **New Zealand**

⒨ 뉴질랜드

New Zealand is famous for its beautiful scenery.
뉴질랜드는 아름다운 풍경으로 유명하다.

0675 ☐ **Russia**

⒨ 러시아

The currency in **Russia** is the ruble.
러시아 화폐는 루블이다.

0676 ☐ **Saudi Arabia**

⒨ 사우디아라비아

Soccer is a popular sport in **Saudi Arabia**.
축구는 사우디아라비아에서 인기 있는 운동이다.

0677 ☐ **Spain**

⒨ 스페인

Bullfighting is a traditional practice in **Spain**. 투우는 스페인의 전통적인 관습이다.

0678 ☐ **Thailand**

⒨ 태국

Thailand is located in Southeast Asia.
태국은 동남아시아에 위치해 있다.

0679 ☐ **the Philippines**

⒨ 필리핀

I want to travel to **the Philippines**.
나는 필리핀으로 여행가고 싶다.

0680 ☐ **Vietnam**

⒨ 베트남

My uncle runs a business in **Vietnam**.
나의 삼촌은 베트남에서 사업을 하신다.

Nationalities 여러 나라의 사람들

01·05　06·10　11·15　16·20　21·25　26·30　31·35　36·40

◎ 알고 있는 단어는 □에 ✓표 한 후, 듣고 따라 하세요. T35

0681 ☐ **American**　명 미국 사람　형 미국의

He was the first **American** to win a gold medal.
그는 금메달을 딴 최초의 미국인이었다.

0682 ☐ **Australian**　명 호주 사람　형 호주의, 오스트레일리아의

There are some famous **Australian** actors in the U.S.A.
미국에는 유명한 호주 배우들이 좀 있다.

0683 ☐ **Brazilian**　명 브라질 사람　형 브라질의

Brazilians are known for playing soccer.
브라질 사람들은 축구하는 것으로 유명하다.

0684 ☐ **Canadian**　명 캐나다 사람　형 캐나다의

Hockey is more than a game to **Canadian**s.
하키는 캐나다 사람들에게 경기 이상의 의미가 있다.

0685 ☐ **Chinese**　명 중국 사람, 중국어　형 중국의

The **Chinese** think the number eight is lucky. 중국인들은 8이 행운의 숫자라고 생각한다.

0686 ☐ **English**　명 영국 사람, 영어　형 영국의

The **English** prefer tea over coffee.
영국인들은 커피보다 홍차를 더 좋아한다.

0687 ☐ **Filipino**　명 필리핀 사람, 필리핀어　형 필리핀의

Filipino parents think highly of education.
필리핀 부모들은 교육을 중요시한다.

0688 ☐ **French**　명 프랑스 사람, 프랑스어　형 프랑스의

Famous **French** singers performed at the concert.
유명한 프랑스 가수들이 콘서트에서 공연했다.

0689 ☐ **German**　명 독일 사람, 독일어　형 독일의

German doctors are volunteering at the event.
독일 의사들이 그 행사에서 자원봉사하고 있다.

0690 ☐ **Greek**　명 그리스 사람, 그리스어　형 그리스의

Zeus and Hermes are **Greek** gods.
제우스와 헤르메스는 그리스의 신들이다.

0691 ☐ **Indian**

명 인도 사람 형 인도의 * Hindi 힌디어(인도의 공용어)

The engineering department has many **Indian** students.
공학과에는 인도 학생들이 많다.

0692 ☐ **Italian**

명 이탈리아 사람, 이탈리아어 형 이탈리아의

This restaurant's chef is an **Italian**.
이 식당의 요리사는 이탈리아인이다.

0693 ☐ **Japanese**

명 일본 사람, 일본어 형 일본의

The new drama coach is a **Japanese** woman. 새 연극 코치는 일본 여성이다.

0694 ☐ **Korean**

명 한국 사람, 한국어 형 한국의

Koreans are proud of taekwondo.
한국인들은 태권도를 자랑스러워한다.

0695 ☐ **Mexican**

명 멕시코 사람 형 멕시코의

This song is popular among **Mexican**s.
이 노래는 멕시코인들 사이에서 인기가 있다.

0696 ☐ **Russian**

명 러시아 사람, 러시아어 형 러시아의

Russians love their rich cultural history.
러시아인들은 그들의 풍부한 문화사를 사랑한다.

0697 ☐ **Spanish**

명 스페인 사람, 스페인어 형 스페인의

Both of the players are **Spanish**.
그 선수들은 둘 다 스페인 사람이다.

0698 ☐ **Swiss**

명 스위스 사람 형 스위스의

She is a very famous **Swiss** model.
그녀는 매우 유명한 스위스 모델이다.

0699 ☐ **Thai**

명 타이 사람, 타이어 형 타이의, 태국의

The store was filled with **Thai** tourists.
그 가게는 태국 관광객들로 가득 차 있었다.

0700 ☐ **Vietnamese**

명 베트남 사람, 베트남어 형 베트남의

Vietnamese also celebrate the Lunar New Year.
베트남 사람들도 음력설을 쇤다.

A 주어진 철자를 바르게 나열하여 단어를 완성하세요.

1 **i t c y** _____

2 **o a d r** _____

3 **e o v a b** _____

4 **e t s r t e** _____

5 **r s a c o s** _____

6 **b i d h n e** _____

7 **v o n r d e** _____

8 **e k b r a y** _____

9 **a h t r e t e** _____

10 **a p i r t r o** _____

B 주어진 단어의 관계를 잘 보고, 빈칸에 알맞은 단어를 쓰세요.

1 | Canada | : | Canadian | = | Korea | : | |

2 | | : | German | = | America | : | American |

3 | China | : | | = | Brazil | : | Brazilian |

4 | Japan | : | Japanese | = | | : | French |

5 | Mexico | : | Mexican | = | Spain | : | |

C 셀로판지를 사용하여 숨어 있는 단어를 <u>모두</u> 찾아 쓰세요.

f uekh building z c x g a r o u n d
restaurant v b c v h d o w n t o
wghn factory v y g h
wghn restaurant g m
wghp hj d w GHN j d
wghp hj d w c v x w g h
y v g h
r y y b h
w n c v x
c v x w d e

_____

_____

_____

_____

D 빈칸에 주어진 글자로 시작하는 알맞은 단어를 써넣어 문장을 완성하세요.

1 We went to the c_____ last weekend.

우리는 지난 주말에 시골에 갔다.

2 Which way is the art m_____, please?

미술관은 어느 쪽에 있나요?

3 There is a flower shop n_____ t_____ the bank.

그 은행 옆에 꽃 가게가 있다.

4 The boy rushed d_____ to greet the guest.

그 소년은 손님을 맞으러 아래층으로 급히 내려갔다.

5 Please tell me how to get to the s_____ s_____.

지하철역까지 가는 방법을 알려 주세요.

Animals Ⅰ 동물Ⅰ

◎ 알고 있는 단어는 □에 ✓표 한 후, 듣고 따라 하세요. **T36**

0701 □ **hen**

[명] 암탉　* rooster 수탉

How many eggs did the **hen** lay this morning?
오늘 아침에 암탉이 달걀을 몇 개 낳았니?

0702 □ **duck**

[명] 오리

Look at the **duck**s in the pond.
연못에 있는 오리들을 보아라.

0703 □ **goose**

[명] 거위　[복] geese

I saw a **goose** at the park.
나는 공원에서 거위를 보았다.

0704 □ **rabbit**

[명] 토끼

I fed carrots to the **rabbit**s.
나는 토끼들에게 당근을 먹였다.

0705 □ **pig**

[명] 돼지

What do you feed your **pig**s?
너는 돼지들에게 무엇을 먹이니?

0706 □ **cow**

[명] 젖소, 암소

The farmer is milking the **cow**.
그 농부는 젖소의 우유를 짜고 있다.

0707 □ **bull**

[명] 황소

Bulls are stronger and more aggressive than cows. 황소는 암소보다 더 힘이 세고 공격적이다.

0708 □ **goat**

[명] 염소

The **goat** was very curious about the newcomer. 그 염소는 새로 온 사람에게 호기심이 아주 많았다.

0709 □ **sheep**

[명] 양　[복] sheep

A flock of **sheep** was drinking water.
한 무리의 양 떼가 물을 마시고 있었다.

0710 □ **horse**

[명] 말

I want to learn how to ride a **horse**.
나는 말 타는 법을 배우고 싶다.

0711 ☐ **donkey**

명 당나귀

There are different sizes of **donkey**s.
다양한 크기의 당나귀들이 있다.

0712 ☐ **turkey**

명 칠면조

My grandpa raises **turkey**s on his farm.
나의 할아버지는 농장에서 칠면조를 키우신다.

0713 ☐ **puppy**

명 강아지

My dog gave birth to three **puppies**.
나의 개가 강아지 세 마리를 낳았다.

0714 ☐ **kitten**

명 새끼 고양이

My uncle brought us a cute **kitten**.
나의 삼촌은 우리에게 귀여운 새끼 고양이를 데리고 오셨다.

0715 ☐ **chick**

명 병아리

I saw **chick**s on the way home after school.
나는 방과 후 집으로 오는 길에 병아리들을 보았다.

0716 ☐ **duckling**

명 새끼 오리

The Ugly Duckling is a famous children's story.
'미운 오리 새끼'는 유명한 동화이다.

0717 ☐ **calf**

명 송아지, (코끼리·고래 등의) 새끼

The **calf** stayed close to its mother.
송아지가 어미 가까이에 있었다.

0718 ☐ **lamb**

명 새끼 양

The **lamb** is playing with the kitten on the lawn.
새끼 양이 잔디밭에서 새끼 고양이와 놀고 있다.

0719 ☐ **piglet**

명 새끼 돼지

He drew a funny-looking **piglet**.
그는 웃기게 생긴 새끼 돼지를 그렸다.

0720 ☐ **foal**

명 망아지

The **foal** learned to walk quickly.
망아지는 빨리 걷는 법을 배웠다.

Animals Ⅱ 동물 Ⅱ

◎ 알고 있는 단어는 □에 ✓표 한 후, 듣고 따라 하세요. **T37**

0721 □ **tiger**

명 호랑이

Tigers usually hunt alone at night time.
호랑이는 주로 야간에 혼자서 사냥한다.

0722 □ **lion**

명 사자

Lions live in large groups.
사자는 큰 무리를 지어서 산다.

0723 □ **monkey**

명 원숭이

Monkeys are intelligent animals.
원숭이는 영리한 동물이다.

0724 □ **bear**

명 곰 *polar bear 북극곰

Bears can be very dangerous.
곰은 매우 위험할 수 있다.

0725 □ **wolf**

명 늑대

Wolves are the largest members of the dog family. 늑대는 개과의 가장 큰 일원이다.

0726 □ **fox**

명 여우

Foxes are curious and playful.
여우는 호기심과 장난기가 많다.

0727 □ **deer**

명 사슴 복 deer

A female **deer** is called a "doe."
암사슴은 'doe'라고 불린다.

0728 □ **elephant**

명 코끼리

Elephants are the largest land animals in the world.
코끼리는 세상에서 가장 큰 육지 동물이다.

0729 □ **giraffe**

명 기린

Giraffes are the tallest mammals on Earth.
기린은 지구상에서 가장 키가 큰 포유류이다.

0730 □ **zebra**

명 얼룩말

Zebras are very fast-moving animals.
얼룩말은 굉장히 빨리 움직이는 동물이다.

0731 ☐ **hippo**

명 하마

Hippos give birth in water.
하마는 물에서 새끼를 낳는다.

0732 ☐ **leopard**

명 표범

Leopards are good hunters.
표범은 훌륭한 사냥꾼이다.

0733 ☐ **cheetah**

명 치타

Cheetahs are the fastest land animals in the world.
치타는 세상에서 가장 빠른 육지 동물이다.

0734 ☐ **gorilla**

명 고릴라

Gorillas are much stronger than humans.
고릴라는 사람보다 훨씬 더 힘이 세다.

0735 ☐ **panda**

명 판다

Pandas are endangered animals.
판다는 멸종 위기에 처한 동물이다.

0736 ☐ **camel**

명 낙타

Some **camel**s have two humps.
어떤 낙타들은 혹이 두 개이다.

0737 ☐ **kangaroo**

명 캥거루

Kangaroos have very powerful legs.
캥거루는 아주 강한 다리를 가지고 있다.

0738 ☐ **alligator**

명 악어

Alligators are cold-blooded reptiles.
악어는 냉혈 파충류이다.

0739 ☐ **snake**

명 뱀

Snakes don't have eyelids.
뱀은 눈꺼풀이 없다.

0740 ☐ **peacock**

명 공작새

Peacocks have colorful feathers.
공작은 화려한 깃털을 가지고 있다.

Animals Ⅲ 동물 Ⅲ

01-05　06-10　11-15　16-20　21-25　26-30　31-35　36-40

◎ 알고 있는 단어는 □에 ✔표 한 후, 듣고 따라 하세요.　T38

0741 □ **bird**

명 새

I found eggs in a **bird** nest.
나는 새의 둥지에서 알을 발견했다.

0742 □ **eagle**

명 독수리

Eagles have excellent eyesight.
독수리는 시력이 아주 좋다.

0743 □ **owl**

명 부엉이, 올빼미

Owls are active at night.
올빼미는 밤에 활동적이다.

0744 □ **parrot**

명 앵무새

Most **parrot**s live in tropical areas.
대부분의 앵무새들은 열대 지방에 산다.

0745 □ **seagull**

명 갈매기

Seagulls are able to drink salt water.
갈매기는 바닷물을 마실 수 있다.

0746 □ **penguin**

명 펭귄

Most **penguin**s live in the Southern Hemisphere.
대부분의 펭귄들은 남반구에 산다.

0747 □ **turtle**

명 거북, 바다거북

Turtles have hard shells.
거북은 딱딱한 껍질을 가지고 있다.

0748 □ **shark**

명 상어

Sharks are picky eaters.
상어는 까다로운 포식자이다.

0749 □ **dolphin**

명 돌고래

Dolphins can jump really high.
돌고래는 정말 높이 뛰어오를 수 있다.

0750 □ **whale**

명 고래

Whales breathe air as we do.
고래는 사람처럼 숨을 쉰다.

41-45 46-50 51-55 56-60 61-65 66-70 71-75 76-80

0751 ☐ **octopus**

명 문어

Octopuses can squeeze into tight spaces.
문어는 좁은 공간 속으로 비집고 들어갈 수 있다.

0752 ☐ **ant**

명 개미

Ants can carry 20 times their own body weight.
개미는 자신의 몸무게의 20배를 옮길 수 있다.

0753 ☐ **bee**

명 벌

Bees have two pairs of wings.
벌은 두 쌍의 날개가 있다.

0754 ☐ **ladybug**

명 무당벌레

Most **ladybug**s have black spots.
대부분의 무당벌레는 검은 점들이 있다.

0755 ☐ **butterfly**

명 나비   * moth 나방

We learned about the lifecycle of **butterflies**.
우리는 나비의 한살이에 대해 배웠다.

0756 ☐ **dragonfly**

명 잠자리

Dragonflies have sharp teeth.
잠자리는 날카로운 이빨을 가지고 있다.

0757 ☐ **cricket**

명 귀뚜라미

We often hear **cricket**s on summer mornings.
우리는 여름날 아침에 귀뚜라미 소리를 종종 듣는다.

0758 ☐ **spider**

명 거미

Spiders have eight legs.
거미는 다리가 8개이다.

0759 ☐ **fly**

명 파리 동 날다

Flies sometimes carry diseases.
파리는 때때로 질병을 옮긴다.

0760 ☐ **mosquito**

명 모기

I got lots of **mosquito** bites at camp.
나는 캠프에서 모기에게 많이 물렸다.

DAY 39

Fruits & Nuts 과일과 견과류

01·05　06·10　11·15　16·20　21·25　26·30　31·35　36·40

◎ 알고 있는 단어는 □에 √표 한 후, 듣고 따라 하세요.　T39

0761 □ **apple**

명 사과

We went to an **apple** farm last weekend.
우리는 지난 주말에 사과 농장에 갔다.

0762 □ **banana**

명 바나나

I had a **banana** and some cereal for my breakfast.
나는 아침 식사로 바나나 한 개와 시리얼을 조금 먹었다.

0763 □ **peach**

명 복숭아　* apricot 살구

My sister is allergic to **peach**es.
내 여동생은 복숭아 알레르기가 있다.

0764 □ **pear**

명 배

Pears are my mom's favorite fruit.
배는 엄마가 무척 좋아하시는 과일이다.

0765 □ **grapes**

명 포도

Grapes appear in many colors.
포도는 색깔이 여러 가지이다.

0766 □ **orange**

명 오렌지

Oranges have a lot of vitamin C.
오렌지에는 비타민 C가 많다.

0767 □ **tangerine**

명 귤

Tangerines are smaller than oranges.
귤은 오렌지보다 더 작다.

0768 □ **lemon**

명 레몬　* lime 라임

I squeezed **lemon** juice on the fish.
나는 생선 요리에 레몬즙을 짰다.

0769 □ **kiwi**

명 키위

I would like some **kiwi** juice.
나는 키위 주스를 좀 마시고 싶다.

0770 □ **strawberry**

명 딸기

I added three **strawberries** on top of my ice cream.
나는 아이스크림 위에 딸기 세 개를 올렸다.

0771　☐ **watermelon**　명 수박　*melon 멜론

Mom showed me how to pick a **watermelon**.
엄마는 나에게 수박 고르는 법을 알려 주셨다.

0772　☐ **cherry**　명 체리　*plum 자두

My sister loves **cherry** pies.
내 여동생은 체리파이를 정말 좋아한다.

0773　☐ **mango**　명 망고

This is the sweetest **mango** I've ever had.
이것은 내가 지금까지 먹어 본 망고 중에서 가장 달다.

0774　☐ **pineapple**　명 파인애플

I want **pineapple** and ham on my pizza.
나는 피자에 파인애플과 햄을 올리고 싶다.

0775　☐ **persimmon**　명 감

We have **persimmon** trees in our backyard.
우리 뒷마당에는 감나무들이 있다.

0776　☐ **avocado**　명 아보카도

I chopped some **avocado** for my salad.
나는 샐러드에 넣을 아보카도를 좀 썰었다.

0777　☐ **peanut**　명 땅콩

I had a **peanut** butter and jelly sandwich for lunch.
나는 점심으로 땅콩 버터와 잼을 바른 샌드위치를 먹었다.

0778　☐ **walnut**　명 호두, 호두나무

Walnuts have solid shells.
호두는 껍질이 단단하다.

0779　☐ **almond**　명 아몬드

I love raisin and **almond** cookies.
나는 건포도와 아몬드가 든 쿠키를 정말 좋아한다.

0780　☐ **chestnut**　명 밤, 밤나무

Roasted **chestnut**s are my favorite snack.
군밤은 내가 무척 좋아하는 간식이다.

Vegetables 채소

01·05　06·10　11·15　16·20　21·25　26·30　31·35　36·40

◎ 알고 있는 단어는 □에 ✔표 한 후, 듣고 따라 하세요. **T40**

0781 □ **potato**

명 감자

We bought a bag of **potato** chips.
우리는 감자 칩 한 봉지를 샀다.

0782 □ **sweet potato**

명 고구마

I had **sweet potato**es instead of rice today.
나는 오늘 밥 대신 고구마를 먹었다.

0783 □ **onion**

명 양파

Can I have grilled **onion**s on my hamburger?
제 햄버거에 구운 양파를 넣어 주시겠어요?

0784 □ **green onion**

명 파　⑲ spring onion

The chef is slicing **green onion**s.
요리사가 파를 썰고 있다.

0785 □ **cabbage**

명 양배추

My mom makes the best **cabbage** soup.
나의 엄마는 최고의 양배추 수프를 만드신다.

0786 □ **Chinese cabbage**

명 배추

Mom went to the market to buy some **Chinese cabbage**.
엄마는 배추 몇 포기를 사러 시장에 가셨다.

0787 □ **lettuce**

명 상추, 양상추

Could I have cheese with **lettuce** and tomato?
상추랑 토마토와 함께 치즈도 넣어 주시겠어요?

0788 □ **spinach**

명 시금치

Spinach is a very healthy vegetable.
시금치는 건강에 매우 좋은 야채이다.

0789 □ **turnip**

명 순무　*radish 무

I like the folktale about the enormous **turnip**.
나는 커다란 순무에 관한 전래 동화를 좋아한다.

0790 □ **broccoli**

명 브로콜리

Broccoli and cauliflower have similar shapes.
브로콜리와 콜리플라워는 모양이 비슷하다.

0791 □ **carrot**

명 당근

The farmer is feeding **carrot**s to the horses.
농부가 말들에게 당근을 먹이고 있다.

0792 □ **cucumber**

명 오이

My brother doesn't like **cucumber**s.
내 남동생은 오이를 좋아하지 않는다.

0793 □ **eggplant**

명 가지

Mom is slicing **eggplant**s to cook.
엄마는 요리를 하려고 가지를 썰고 계신다.

0794 □ **tomato**

명 토마토

Mom made delicious **tomato** sauce for spaghetti.
엄마는 스파게티에 넣을 맛있는 토마토 소스를 만드셨다.

0795 □ **bell pepper**

명 피망 * red pepper 고추

There were really delicious **bell pepper**s on my pasta.
내 파스타에 정말 맛있는 피망이 들어 있었다.

0796 □ **pumpkin**

명 호박 * zucchini 애호박

This is the best **pumpkin** pie ever.
이것은 지금까지 먹어 본 호박파이 중 최고이다.

0797 □ **mushroom**

명 버섯

I had **mushroom** soup and salad for lunch.
나는 점심으로 버섯 수프와 샐러드를 먹었다.

0798 □ **garlic**

명 마늘

This restaurant serves delicious **garlic** bread.
이 식당은 맛있는 마늘 빵이 나온다.

0799 □ **bean**

명 콩

That dish is served with **bean**s.
저 요리는 콩과 함께 나온다.

0800 □ **bean sprout**

명 콩나물, 숙주

Mom made me **bean sprout** soup.
엄마는 나에게 콩나물국을 끓여 주셨다.

A 우리말과 일치하도록 빈칸에 알맞은 글자를 써넣어 단어를 완성하세요.

1 d__ __k   오리

2 __u__k__y   칠면조

3 __e__r   사슴

4 p__ __l__ __   새끼 돼지

5 t__ __t__e   거북

6 s__ __d__r   거미

7 __ad__b__ __ __ 무당벌레

8 __r__p__s   포도

9 __e__n__ __   땅콩

10 __at__r__e__on 수박

B 보기에 주어진 단어들을 아래의 빈칸에 바르게 분류하세요.

Word Bank

| lamb | potato | rabbit | cabbage |
| snake | cucumber | spinach | eagle |

Animals 동물

1 _____

2 _____

3 _____

4 _____

Vegetables 채소

5 _____

6 _____

7 _____

8 _____

C 셀로판지를 사용하여 숨어 있는 단어를 <u>모두</u> 찾아 쓰세요.

> jtye goosehtieratrgialligatoreipu
> atgagiraffewahdnwtresharkektsl
> gabpearpuqabtradgarlichepeab

_____   _____

_____   _____

_____   _____

D 빈칸에 주어진 글자로 시작하는 알맞은 단어를 써넣어 문장을 완성하세요.

1 The farmer is milking the c_____.

그 농부는 젖소의 우유를 짜고 있다.

2 W_____ s breathe air as we do.

고래는 사람처럼 숨을 쉰다.

3 My sister is allergic to p_____ es.

내 여동생은 복숭아 알레르기가 있다.

4 E_____ s are the largest land animals in the world.

코끼리는 세상에서 가장 큰 육지 동물이다.

5 I had s_____ p_____ es instead of rice today.

나는 오늘 밥 대신 고구마를 먹었다.

◎ 알고 있는 단어는 □에 ✓표 한 후, 듣고 따라 하세요. T41

0801 □ **cloudy**
[형] 흐린, 구름이 많은　* cloud 구름
It gets cooler when it's **cloudy**.
날씨가 흐릴 때는 좀 더 시원해진다.

0802 □ **foggy**
[형] 안개가 낀　* fog 안개
It's **foggy**, so we can't see well.
안개가 끼어서 우리는 잘 볼 수 없다.

0803 □ **windy**
[형] 바람이 많이 부는　* wind 바람
It's really cold and **windy** today.
오늘은 정말 춥고 바람이 많이 분다.

0804 □ **chilly**
[형] 쌀쌀한, 추운
It's not cold, but it's **chilly**.
날씨가 춥지는 않은데 쌀쌀하다.

0805 □ **stormy**
[형] 폭풍우가 몰아치는　* storm 폭풍
It was very **stormy** overnight.
밤사이에 폭풍우가 몹시 몰아쳤다.

0806 □ **muggy**
[형] 후텁지근한
The weather is so **muggy** these days.
요즘 날씨가 무척 후텁지근하다.

0807 □ **clear**
[형] 맑은, 깨끗한, 분명한　[동] 치우다, 맑아지다
Today's weather is **clear** and beautiful.
오늘의 날씨는 맑고 아름답다.

0808 □ **scorching**
[형] 몹시 뜨거운, 맹렬한
It's **scorching** hot today.
오늘은 타는 듯이 덥다.

0809 □ **humid**
[형] 습한, 습기 있는
I hate **humid** weather.
나는 습한 날씨를 몹시 싫어한다.

0810 □ **damp**
[형] 축축한, 눅눅한
It's humid and **damp** in the wetlands.
습지는 습하고 축축하다.

0811 ☐ rainy season

장마철, 우기

Bring your umbrellas during the **rainy season**.
장마철에는 우산을 가지고 다녀라.

0812 ☐ monsoon

명 우기, 장마, 몬순

Thailand has a **monsoon** season.
태국에는 우기가 있다.

0813 ☐ thunder

명 천둥

Dogs are afraid of **thunder**.
개는 천둥을 무서워한다.

0814 ☐ lightning

명 번개

People can see **lightning** before they hear thunder.
천둥소리가 나기 전에 번개를 볼 수 있다.

0815 ☐ typhoon

명 태풍

The **typhoon** caused a lot of damage in this area.
태풍은 이 지역에 많은 피해를 입혔다.

0816 ☐ earthquake

명 지진

There was a big **earthquake** last week.
지난주에 큰 지진이 있었다.

0817 ☐ tsunami

명 쓰나미, 지진 해일

The earthquake caused a **tsunami**.
지진으로 인해 쓰나미가 발생했다.

0818 ☐ volcano

명 화산

A **volcano** can cause a lot of ash.
화산은 많은 재를 발생시킬 수 있다.

0819 ☐ rainbow

명 무지개

We were happy to see a **rainbow** after the storm.
우리는 폭풍우가 끝난 뒤 무지개를 보고 기뻤다.

0820 ☐ weather forecast

명 일기 예보

The **weather forecast** says that a lot of snow is coming.
일기 예보에서 많은 눈이 올 거라고 한다.

Culture 문화

◎ 알고 있는 단어는 □에 √표 한 후, 듣고 따라 하세요. 🎧 T42

0821 □ **show**

명 쇼, 공연 동 보여 주다

My sister is preparing for the talent **show**.
내 여동생은 장기 자랑에 나가려고 준비 중이다.

0822 □ **concert**

명 연주회, 콘서트

Mom bought me the ticket for the
concert. 엄마는 나에게 콘서트 표를 사 주셨다.

0823 □ **musical**

명 뮤지컬 형 음악의, 음악적인

We will go to see the **musical** together.
우리는 함께 뮤지컬을 보러 갈 것이다.

0824 □ **painting**

명 그림, 그림 그리기

A famous **painting** is on display this weekend.
명화 한 점이 이번 주말에 전시된다.

0825 □ **artwork**

명 예술품

I really admire the painter's **artwork**.
나는 그 화가의 작품에 정말 감탄한다.

0826 □ **photo**

명 사진 = photograph

I like to take **photo**s of animals.
나는 동물 사진 찍는 것을 좋아한다.

0827 □ **performance**

명 공연, 연주회

The figure skater showed us a great **performance**.
피겨 스케이팅 선수는 우리에게 멋진 공연을 보여 주었다.

0828 □ **popular**

형 인기 있는, 대중적인

That group is really **popular** these days.
저 그룹은 요즘 아주 인기가 있다.

0829 □ **famous**

형 유명한

Mozart is one of the most **famous** composers of all time.
모차르트는 역대 가장 유명한 작곡가들 중 한 명이다.

0830 □ **classical**

형 고전적인

I appreciate **classical** music, too.
나도 고전 음악을 감상한다.

41·45 46·50 51·55 56·60 61·65 66·70 71·75 76·80

0831 □ **global**

형 세계적인

What is a **global** trend in music?
음악에서 세계적인 추세는 무엇이니?

0832 □ **folk**

형 민속의, 민요의 명 민속 음악

We learned **folk** music in music class.
우리는 음악 시간에 민요를 배웠다.

0833 □ **culture**

명 문화

I want to explore many **culture**s.
나는 많은 문화들을 탐구해 보고 싶다.

0834 □ **cultural**

형 문화의

We need to understand **cultural** diversity.
우리는 문화의 다양성을 이해할 필요가 있다.

0835 □ **tradition**

명 전통

This is an old **tradition** in our country.
이것은 우리나라의 오랜 전통이다.

0836 □ **traditional**

형 전통의, 전통적인

We wear **traditional** clothes at the school festival.
우리는 학교 축제에서 전통 의상을 입는다.

0837 □ **display**

명 전시, 진열 동 전시하다, 진열하다

A variety of artwork is on **display**.
다양한 예술 작품이 전시 중이다.

0838 □ **exhibit**

동 전시하다

The baseball player proudly **exhibit**ed his trophy.
그 야구 선수는 자신의 트로피를 자랑스럽게 전시했다.

0839 □ **exhibition**

명 전시, 전시회

I have two more tickets for the **exhibition**.
나는 전시회 표가 두 장 더 있다.

0840 □ **fair**

명 박람회 형 공평한, 공정한

We will have fun at the world **fair**.
우리는 만국 박람회에서 즐거운 시간을 보낼 것이다.

Environmental Issues 환경 문제

◎ 알고 있는 단어는 □에 √표 한 후, 듣고 따라 하세요. 🎧 T43

0841 □ **energy**
명 에너지
Mom bought an **energy**-saving refrigerator.
엄마는 에너지 절약형 냉장고를 사셨다.

0842 □ **climate**
명 기후
Human activities cause a lot of **climate** change. 인간의 행동들은 많은 기후 변화를 일으킨다.

0843 □ **environment**
명 환경
We have to protect our **environment**.
우리는 환경을 보호해야 한다.

0844 □ **air pollution**
명 대기 오염
We discussed issues including **air pollution**.
우리는 대기 오염을 포함한 문제들을 논의했다.

0845 □ **water pollution**
명 수질 오염
How can we help reduce **water pollution**?
우리는 수질 오염을 줄이는데 어떻게 도움을 줄 수 있을까?

0846 □ **trash**
명 쓰레기 ⊛ garbage
We should reduce the amount of **trash**.
우리는 쓰레기양을 줄여야 한다.

0847 □ **fertilizer**
명 비료
We should cut using **fertilizer** more.
우리는 비료 사용을 더 줄여야 한다.

0848 □ **greenhouse**
명 온실
The **greenhouse** effect is really getting serious.
온실 효과가 정말 심각해지고 있다.

0849 □ **global warming**
명 지구 온난화
International efforts are needed to stop **global warming**.
국제적인 노력이 지구 온난화를 막기 위해서 필요하다.

0850 □ **endangered**
형 위험에 처한, 멸종 위기의
Tigers and pandas are **endangered** species.
호랑이와 판다는 멸종 위기에 처한 종이다.

46·50　56·60　66·70　76·80
41·45　51·55　61·65　71·75

0851 ☐ **disaster**

명 재난, 재해

We have to prepare for various **disaster**s.
우리는 다양한 재난에 대비해야 한다.

0852 ☐ **flood**

명 홍수

The **flood** damaged many buildings in my neighborhood. 홍수가 이웃의 많은 건물들에 피해를 입혔다.

0853 ☐ **drought**

명 가뭄

The crops failed because of the **drought**.
가뭄으로 인해 흉작이 되었다.

0854 ☐ **destroy**

동 파괴하다, 멸하다 * destruction 파괴

The flood **destroy**ed many buildings.
홍수는 많은 건물들을 파괴했다.

0855 ☐ **harm**

동 해를 끼치다, 손상시키다 명 피해, 손해

Natural disasters can **harm** the economy.
자연재해는 경제에 해를 끼칠 수 있다.

0856 ☐ **waste**

동 낭비하다 명 낭비, 쓰레기

We should not **waste** water and food.
우리는 물과 음식을 낭비해서는 안 된다.

0857 ☐ **litter**

동 어지럽히다, (쓰레기를) 버리다 명 쓰레기

You should not **litter** at any time.
너는 언제라도 쓰레기를 버려서는 안 된다.

0858 ☐ **save**

동 구하다, 아끼다, 절약하다

We should try hard to **save** natural resources.
우리는 천연자원을 아끼기 위해 열심히 노력해야 한다.

0859 ☐ **protect**

동 보호하다, 지키다 * protection 보호

All of us agree that we should **protect** nature.
우리 모두 자연을 보호해야 한다는 것에 동의한다.

0860 ☐ **recycle**

동 재활용하다

We need to **recycle** many products.
우리는 많은 제품들을 재활용할 필요가 있다.

◎ 알고 있는 단어는 □에 √표 한 후, 듣고 따라 하세요. 🎧 T44

0861 □ **eleven**
형 열하나의, 열한 개의 명 열하나, 11, 열한 개
Each soccer team has **eleven** players.
각 축구팀은 열한 명의 선수가 있다.

0862 □ **twelve**
형 열둘의, 열두 개의 명 열둘, 12, 열두 개
There are **twelve** months in a year.
일 년은 열두 달이다.

0863 □ **thirteen**
형 열셋의, 열세 개의 명 열셋, 13, 열세 개
Western people think the number **thirteen** is unlucky.
서양 사람들은 13이 불운의 숫자라고 생각한다.

0864 □ **fourteen**
형 열넷의, 열네 개의 명 열넷, 14, 열네 개
There are **fourteen** chapters in this book.
이 책에는 14장이 있다.

0865 □ **fifteen**
형 열다섯의, 열다섯 개의 명 열다섯, 15, 열다섯 개
I read **fifteen** books for the presentation.
나는 발표를 위해 열다섯 권의 책을 읽었다.

0866 □ **sixteen**
형 열여섯의, 열여섯 개의 명 열여섯, 16, 열여섯 개
My sister turns **sixteen** years old today.
나의 언니는 오늘 열여섯 살이 된다.

0867 □ **seventeen**
형 열일곱의, 열일곱 개의 명 열일곱, 17, 열일곱 개
The event is **seventeen** days long.
그 행사는 17일간 계속된다.

0868 □ **eighteen**
형 열여덟의, 열여덟 개의 명 열여덟, 18, 열여덟 개
A total of **eighteen** passengers are on the bus.
모두 열여덟 명의 승객이 그 버스에 타고 있다.

0869 □ **nineteen**
형 열아홉의, 열아홉 개의 명 열아홉, 19, 열아홉 개
The teacher wrote **nineteen** on the board.
선생님이 칠판에 19를 쓰셨다.

0870 □ **twenty**
형 스물의, 스무 개의 명 스물, 20, 스무 개
I invited **twenty** friends to my party.
나는 파티에 스무 명의 친구들을 초대했다.

0871 ☐ **thirty**

형 서른의, 서른 개의 명 서른, 30, 서른 개

Around **thirty** people joined the workshop.
약 서른 명의 사람들이 워크숍에 참석했다.

0872 ☐ **forty**

형 마흔의, 마흔 개의 명 마흔, 40, 마흔 개

Twenty times two is **forty**.
20 곱하기 2는 40이다.

0873 ☐ **fifty**

형 쉰의, 쉰 개의 명 쉰, 50, 쉰 개

There are more than **fifty** states in America.
미국에는 50개 이상의 주가 있다.

0874 ☐ **sixty**

형 예순의, 예순 개의 명 예순, 60, 예순 개

Passing score for this level is **sixty** percent.
이 단계의 합격점은 60퍼센트이다.

0875 ☐ **seventy**

형 일흔의, 일흔 개의 명 일흔, 70, 일흔 개

Open your book to page **seventy**.
책 70쪽을 펴라.

0876 ☐ **eighty**

형 여든의, 여든 개의 명 여든, 80, 여든 개

My grandma is **eighty** years old.
나의 할머니는 여든 살이시다.

0877 ☐ **ninety**

형 아흔의, 아흔 개의 명 아흔, 90, 아흔 개

A square has four **ninety** degree angles.
정사각형은 90도인 네 개의 각이 있다.

0878 ☐ **hundred**

형 1백의, 100의 명 1백, 100

I am one **hundred** percent sure that we will win.
나는 우리가 승리할 것이라고 100퍼센트 확신한다.

0879 ☐ **thousand**

형 1천의, 1000의 명 1천, 1000

A **thousand** students applied for the new program.
1천 명의 학생들이 새 프로그램에 지원했다.

0880 ☐ **million**

형 1백만의, 100만의 명 1백만, 100만

One **million** people watched this video.
백만 명의 사람들이 이 비디오를 보았다.

Order & Currencies 순서와 화폐

◎ 알고 있는 단어는 □에 ✓표 한 후, 듣고 따라 하세요. 🎧 T45

0881 □ **first**
부 첫째로, 먼저 형 첫째의, 첫 번째의, 맨 처음의
I always come to school **first**.
나는 언제나 학교에 가장 먼저 온다.

0882 □ **second**
형 둘째의, 두 번째의 부 둘째로, 두 번째로
The **second** person in the row is my aunt.
그 줄에서 두 번째에 계신 분이 나의 이모이시다.

0883 □ **third**
형 셋째의, 세 번째의 부 세 번째로
I met my best friend in **third** grade.
나는 3학년 때 내 가장 친한 친구를 만났다.

0884 □ **fourth**
형 넷째의, 네 번째의 부 네 번째로
April is the **fourth** month of the year.
4월은 일 년 중 네 번째 달이다.

0885 □ **fifth**
형 다섯째의, 다섯 번째의 부 다섯 번째로
Our seats are in the **fifth** row.
우리 자리는 다섯 번째 줄에 있다.

0886 □ **sixth**
형 여섯째의, 여섯 번째의 부 여섯 번째로
The science lab is on the **sixth** floor.
과학 실험실은 6층에 있다.

0887 □ **seventh**
형 일곱째의, 일곱 번째의 부 일곱 번째로
The **seventh** contestant was the winner.
일곱 번째 참가자가 우승했다.

0888 □ **eighth**
형 여덟째의, 여덟 번째의 부 여덟 번째로
My uncle passed the test on the **eighth** attempt.
나의 삼촌은 여덟 번째 시도 만에 시험에 합격하셨다.

0889 □ **ninth**
형 아홉째의, 아홉 번째의 부 아홉 번째로
I really like Beethoven's **Ninth** Symphony.
나는 베토벤 9번 교향곡을 정말 좋아한다.

0890 □ **tenth**
형 열 번째의 부 열 번째로
Our team is celebrating the **tenth** victory.
우리 팀은 열 번째 승리를 축하하고 있다.

0891 □ **eleventh**

형 열한 번째의 부 열한 번째로

Mom's birthday is on April **eleventh**.
엄마의 생신은 4월 11일이다.

0892 □ **twelfth**

형 열두 번째의 부 열두 번째로

I finished **twelfth** in my first race.
나는 첫 경기에서 12등을 했다.

0893 □ **dollar**

명 달러

How much is that in **dollar**s?
저것은 달러로 얼마니?

0894 □ **yen**

명 엔(일본의 화폐 단위)

Mom bought Japanese **yen** for the trip.
엄마는 여행을 위해 일본 엔화를 사셨다.

0895 □ **pound**

명 파운드(영국 등의 화폐 단위), 무게 단위

We had to pay in **pound**s in England.
우리는 영국에서 파운드화로 지불해야 했다.

0896 □ **euro**

명 유로(유럽 연합의 화폐 단위)

We can use **euro**s in France and Germany.
우리는 프랑스와 독일에서 유로화를 사용할 수 있다.

0897 □ **cent**

명 센트(100분의 1달러나 유로) * penny 1센트(짜리 동전)

One dollar is one hundred **cent**s.
1달러는 100센트이다.

0898 □ **nickel**

명 5센트(짜리 동전), 니켈

The **nickel** is getting more and more uncommon.
5센트짜리 동전은 점점 드물어지고 있다.

0899 □ **dime**

명 10센트(짜리 동전)

A **dime** is smaller than a nickel.
10센트짜리 동전이 5센트짜리 동전보다 (크기가) 더 작다.

0900 □ **quarter**

명 25센트(짜리 동전), 4분의 1

I got a **quarter** for change.
나는 거스름돈으로 25센트짜리 동전 하나를 받았다.

A 주어진 단어를 보고, 순서에 맞게 빈칸에 알맞은 단어를 쓰세요.

1. eleven — — thirteen — fourteen

2. twenty — thirty — forty —

3. first — second — — fourth

4. — tenth — eleventh — twelfth

B 주어진 단어를 보고, 관련이 <u>없는</u> 하나를 골라 X표 하세요.

1. windy | chilly | popular | humid

2. concert | climate | show | musical

3. dollar | euro | disaster | pound

4. thousand | thunder | volcano | earthquake

5. save | protect | recycle | fair

C 셀로판지를 사용하여 숨어 있는 단어를 모두 찾아 쓰세요.

_____   _____

_____   _____

_____   _____

D 빈칸에 주어진 글자로 시작하는 알맞은 단어를 써넣어 문장을 완성하세요.

1 We should not w_____ water and food.

우리는 물과 음식을 낭비해서는 안 된다.

2 One m_____ people watched this video.

백만 명의 사람들이 이 비디오를 보았다.

3 I got a q_____ for change.

나는 거스름돈으로 25센트짜리 동전 하나를 받았다.

4 Tigers and pandas are e_____ species.

호랑이와 판다는 멸종 위기에 처한 종이다.

5 The w_____ f_____ says that a lot of snow is

coming. 일기 예보에서 많은 눈이 올 거라고 한다.

PART
2

어휘별

Confusing Words Ⅰ 혼동 어휘 Ⅰ

01·05　06·10　11·15　16·20　21·25　26·30　31·35　36·40

◎ 알고 있는 단어는 □에 √표 한 후, 듣고 따라 하세요. T46

| 0901 | □ **dessert** | 명 후식, 디저트 |

I will have ice cream for **dessert**.
나는 후식으로 아이스크림을 먹을 것이다.

| 0902 | □ **desert** | 명 사막 |

It's very windy in the **desert**.
사막에서는 바람이 몹시 분다.

| 0903 | □ **beside** | 전 옆에 |

My puppy was sitting **beside** me all evening.
나의 강아지는 저녁 내내 내 옆에 앉아 있었다.

| 0904 | □ **besides** | 전 ~ 외에 부 게다가, ~뿐만 아니라 |

My brother got a scholarship **besides** the award.
나의 형은 상뿐만 아니라 장학금도 받았다.

| 0905 | □ **arm** | 명 팔 |

We were walking **arm** in **arm**.
우리는 팔짱을 끼고 걷고 있었다.

| 0906 | □ **arms** | 명 무기 |

Police officers may carry **arms**.
경찰들은 무기를 소지할 수 있다.

| 0907 | □ **marry** | 동 ~와 결혼하다 |

My uncle will **marry** a famous singer.
나의 삼촌은 유명한 가수와 결혼하실 것이다.

| 0908 | □ **merry** | 형 즐거운, 명랑한 |

All the guests had a very **merry** evening.
손님들 모두 매우 즐거운 저녁 시간을 보냈다.

| 0909 | □ **breath** | 명 숨, 호흡 |

Please hold your **breath** for a moment.
잠시 숨을 참으세요.

| 0910 | □ **breathe** | 동 숨쉬다, 호흡하다 |

I couldn't **breathe** well at first.
나는 처음에 숨을 잘 쉴 수 없었다.

0911 ☐ **quality**

명 질, 품질

My dad is happy about the **quality** of this computer.
나의 아빠는 이 컴퓨터의 품질에 만족하신다.

0912 ☐ **quantity**

명 양, 수량

Sometimes quality is more important than **quantity**.
때로는 질이 양보다 더 중요하다.

0913 ☐ **complement**

명 보완물, 보충 동 보완하다, 보충하다

The necklace is a good **complement** to my sweater.
그 목걸이는 내 스웨터에 잘 어울리는 보완물이다.

0914 ☐ **compliment**

명 칭찬, 찬사 동 칭찬하다

The principal paid a great **compliment** on our
performance. 교장 선생님은 우리 공연에 큰 찬사를 보내셨다.

0915 ☐ **accept**

동 받아들이다, 수락하다 반 reject 거절하다

Dad **accept**ed the new job offer.
아빠는 새 일자리 제의를 수락하셨다.

0916 ☐ **except**

전 ~을 제외하고, ~ 외에는

You can wear any color **except** white.
너는 흰색만 빼고 어떤 색이든 입어도 된다.

0917 ☐ **experience**

동 경험하다 명 경험

I want to **experience** new cultures through
this trip. 나는 이번 여행을 통해 새로운 문화를 경험하고 싶다.

0918 ☐ **experiment**

명 실험

We did an interesting **experiment** in our
science lab. 우리는 과학실에서 흥미로운 실험을 했다.

0919 ☐ **through**

전 ~을 통하여 부 지나, 사이로, 줄곧, 내내

We learned a lot of lessons **through** this project.
우리는 이 프로젝트를 통해 많은 교훈을 얻었다.

0920 ☐ **thorough**

형 철저한, 빈틈없는

My sister is always **thorough** in every aspect.
나의 언니는 항상 모든 면에서 철저하다.

Confusing Words Ⅱ 혼동 어휘 Ⅱ

◎ 알고 있는 단어는 □에 √표 한 후, 듣고 따라 하세요. T47

0921 □ **manner**

몡 방법, 방식, 태도

My dad prepared for the trip in an organized **manner**.
나의 아빠는 체계적인 방식으로 여행을 준비하셨다.

0922 □ **manners**

몡 예의, 예절

Mom always teaches us table **manners**.
엄마는 항상 우리에게 식사 예절을 가르치신다.

0923 □ **die**

동 죽다

My uncle **die**d of cancer.
나의 삼촌은 암으로 돌아가셨다.

0924 □ **dye**

동 염색하다

My friend **dye**d his hair red.
내 친구는 머리를 빨간색으로 염색했다.

0925 □ **lose**

동 잃어버리다, 지다

Where did you **lose** your backpack?
너는 배낭을 어디서 잃어버렸니?

0926 □ **loose**

혱 느슨한, 풀린

This shirt is very **loose** on me.
이 셔츠는 내게 너무 크다.

0927 □ **quite**

부 꽤, 상당히

He is a **quite** popular singer these days.
그는 요즘 꽤 인기 있는 가수이다.

0928 □ **quiet**

혱 조용한

We need to be **quiet** in the library.
우리는 도서관에서 조용히 할 필요가 있다.

0929 □ **steal**

동 훔치다, 도둑질하다

You should never **steal** at any time.
너는 언제라도 절대 물건을 훔쳐서는 안 된다.

0930 □ **steel**

몡 강철

The frame is made of **steel**.
그 틀은 강철로 만들어졌다.

0931 ☐ **principle**

⟨명⟩ 원리, 원칙

He explained the basic **principle**s of his invention. 그는 자신의 발명품에 대한 기본 원리들을 설명했다.

0932 ☐ **principal**

⟨명⟩ 교장 ⟨형⟩ 주요한, 주된

Students are afraid of going to the **principal**'s office. 학생들은 교장실에 가는 것을 두려워한다.

0933 ☐ **bad**

⟨형⟩ 나쁜

This movie is not **bad** at all.
이 영화는 전혀 나쁘지 않다.

0934 ☐ **badly**

⟨부⟩ 몹시, 심하게

I **badly** want a new puppy.
나는 새 강아지를 몹시 원한다.

0935 ☐ **high**

⟨형⟩ 높은

We have a couple of **high** mountains in our town.
우리 마을에는 높은 산이 두 개 있다.

0936 ☐ **highly**

⟨부⟩ 매우, 대단히

The judges think **highly** of her performance.
심사위원들이 그녀의 공연을 대단하게 평가한다.

0937 ☐ **late**

⟨형⟩ 늦은 ⟨부⟩ 늦게

We should not be **late** for school.
우리는 학교에 지각하면 안 된다.

0938 ☐ **lately**

⟨부⟩ 최근에

Dad has been really busy **lately**.
아빠는 최근에 정말 바쁘시다.

0939 ☐ **near**

⟨전⟩ ~에서 가까이 ⟨부⟩ 가까이

There is a theater **near** my house.
나의 집 근처에 극장이 하나 있다.

0940 ☐ **nearly**

⟨부⟩ 거의

The theater was **nearly** empty last time.
그 극장은 지난번에 거의 비어 있었다.

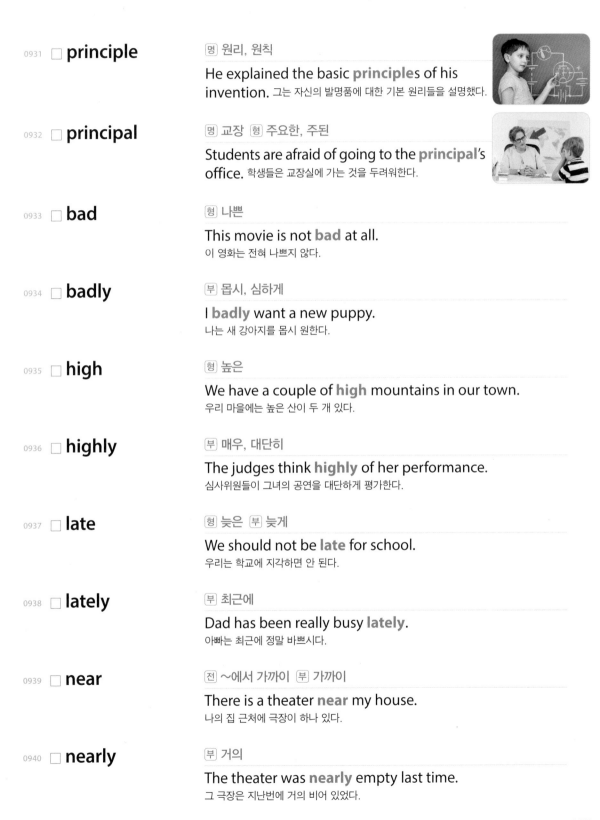

01·05 06·10 11·15 16·20 21·25 26·30 31·35 36·40

◎ 알고 있는 단어는 □에 ✓표 한 후, 듣고 따라 하세요. T48

0941 □ **bright**
형 (표정이) 밝은, 생기 있는, (빛이) 밝은, 눈부신
She is giving me a **bright** smile.
그녀는 내게 밝은 미소를 보내고 있다.
I can't open my eyes because of the **bright** sunshine.
나는 눈부신 햇살 때문에 눈을 뜰 수가 없다.

0942 □ **book**
명 책
동 예약하다
We can check out three **book**s a day.
우리는 하루에 책 3권을 빌릴 수 있다.
Mom **book**ed a flight and hotel online.
엄마는 온라인으로 비행기와 호텔을 예약하셨다.

0943 □ **light**
명 빛, 전등
형 가벼운
We need more **light** in this room. 이 방에는 전등이 더 필요하다.
This cell phone is as **light** as a feather.
이 휴대 전화는 깃털만큼 가볍다.

0944 □ **too**
부 또한, 역시, 너무
I heard the shocking news, **too**. 나도 역시 충격적인 소식을 들었다.
It's **too** late to join the team. 그 팀에 들어가기엔 너무 늦었다.

0945 □ **change**
동 바꾸다
명 잔돈, 변경
Our school **change**d the uniform color.
우리 학교는 교복 색깔을 바꾸었다.
Please keep the **change**. 잔돈은 그냥 가지세요.

0946 □ **mouth**
명 입, 입구
Don't talk with your **mouth** full. 음식을 입에 넣은 채로 말하지 마라.
There was a big sign at the **mouth** of a cave.
동굴 입구에 커다란 표지판이 있었다.

0947 □ **major**
형 주요한, 중대한
동 전공하다
I got a **major** role in the school play.
나는 학교 연극에서 중요한 역할을 맡았다.
My brother **major**s in music. 나의 오빠는 음악을 전공한다.

0948 □ **content**
명 내용
형 만족하는
The **content** of his speech was very moving.
그의 연설 내용은 무척 감동적이었다.
The teacher is **content** with my work.
선생님은 내 작품에 만족하신다.

0949 □ **fine**
형 좋은, 훌륭한
명 벌금
This restaurant serves food with **fine** desserts.
이 식당은 음식과 함께 훌륭한 후식이 나온다.
There is a **fine** for late returns. 늦게 반납하면 벌금이 있다.

0950 □ **iron**
명 철, 쇠, 다리미
The castle has a big **iron** door. 그 성은 커다란 철문이 있다.
Mom bought a new **iron** at the market.
엄마는 시장에서 새 다리미를 사셨다.

0951 □ **key**
명 열쇠, 비결

Mom always keeps her car **key** in the same place.
엄마는 항상 같은 곳에 자동차 열쇠를 두신다.

Diligence is the **key** to success. 근면은 성공의 비결이다.

0952 □ **foot**
명 발, 맨 아래, 기슭

Raise your right **foot** first. 오른발을 먼저 들어라.

There is a resting place at the **foot** of the mountain.
산기슭에 휴게소가 있다.

0953 □ **last**
형 마지막의
동 계속되다

We got the **last** ticket available. 우리는 마지막 남은 티켓을 구했다.

The concert **last**ed about an hour.
그 콘서트는 한 시간 정도 계속됐다.

0954 □ **lie**
동 눕다, 거짓말하다

You can **lie** and rest here. 너는 여기 누워서 쉬어도 된다.

We should not **lie** all the time.
우리는 항상 거짓말을 해서는 안 된다.

0955 □ **fix**
동 고치다, 고정시키다

My grandpa can **fix** everything.
나의 할아버지는 모든 것을 고치실 수 있다.

Dad **fix**ed a shelf to the wall. 아빠는 벽에 선반을 고정시키셨다.

0956 □ **order**
명 순서, 주문, 명령
동 주문하다, 명령하다

You can check out according to the **order**.
너는 순서에 따라 책을 빌릴 수 있다.

We **order**ed pizza and pasta. 우리는 피자와 파스타를 주문했다.

0957 □ **bow**
명 활, 절, 인사
동 인사하다, 절하다

She showed us a **bow** and an arrow.
그녀는 우리에게 활과 화살을 보여 주었다.

All the sales people **bow** to the customers.
모든 판매원들이 고객들에게 인사한다.

0958 □ **branch**
명 나뭇가지,
지점, 분점

Two birds are sitting on a **branch**.
새 두 마리가 나뭇가지에 앉아 있다.

The restaurant opened a new **branch** next to my house.
그 식당이 나의 집 옆에 새 분점을 열었다.

0959 □ **suit**
명 정장
동 어울리다, 맞다

Dad looks great in his new blue **suit**.
아빠는 파란 새 정장을 입으시니 정말 멋져 보이신다.

This red dress **suit**s you perfectly. 이 빨간 드레스는 네게 딱 어울린다.

0960 □ **well**
명 우물
부 잘, 훌륭하게

We should build more **well**s in Africa.
우리는 아프리카에 우물을 더 만들어야 한다.

He completed the mission **well**. 그는 임무를 잘 완수했다.

Related Words Ⅰ 관련어 Ⅰ

◎ 알고 있는 단어는 □에 √표 한 후, 듣고 따라 하세요. T49

0961 □ **meaning**

명 뜻, 의미

The tour guide explained the **meaning** of the sign.
여행 가이드는 그 표지판의 의미를 설명했다.

0962 □ **meaningful**

형 의미 있는, 중요한

This event will be **meaningful** to our family.
이 행사는 우리 가족에게 의미가 있을 것이다.

0963 □ **power**

명 힘, 세력

He did everything in his **power** to help us.
그는 우리를 돕기 위해 있는 힘껏 모든 것을 다 했다.

0964 □ **powerful**

형 강력한, 영향력 있는

People show respect to a **powerful** leader.
사람들은 강력한 지도자에게 존경심을 보인다.

0965 □ **home**

명 집, 가정 부 집에, 집으로

My family is moving into a new **home** next month.
나의 가족은 다음 달에 새 집으로 이사할 것이다.

0966 □ **homeless**

형 집 없는, 노숙자의

The volunteers served food to **homeless** people. 자원 봉사자들이 노숙자들에게 음식을 제공했다.

0967 □ **use**

명 사용, 쓰임새, 용도 동 쓰다, 사용하다

There is no **use** in discussing it now.
지금 그것을 논의해도 소용 없다.

0968 □ **useless**

형 쓸모 없는

This watch is **useless** because it's broken.
이 손목시계는 고장 나서 쓸모가 없다.

0969 □ **mess**

명 엉망인 상태, 지저분한 사람

The kitchen was a complete **mess**.
부엌이 완전 엉망진창이었다.

0970 □ **messy**

형 지저분한, 엉망인

I can't stand your **messy** room.
나는 네 지저분한 방을 참을 수가 없다.

46-50
41-45 · 51-55 · 56-60 · 61-65 · 66-70 · 71-75 · 76-80

0971 □ **dirt**

명 먼지, 흙

Dad's car was covered in **dirt**.
아빠의 자동차는 먼지로 뒤덮여 있었다.

0972 □ **dirty**

형 더러운, 지저분한

My clothes got really **dirty** after the ride.
승마 후에 내 옷이 정말 더러워졌다.

0973 □ **crime**

명 범죄

The violent **crime** is increasing.
폭력 범죄가 증가하고 있다.

0974 □ **criminal**

형 범죄의 명 범인, 범죄자

This book is about **criminal** law.
이 책은 형법에 관한 것이다.

0975 □ **emotion**

명 감정, 정서

He showed no **emotion** hearing the news.
그는 그 소식을 들으면서 아무런 감정을 보이지 않았다.

0976 □ **emotional**

형 감정의, 정서의

I got **emotional** when I saw the sad movie.
나는 슬픈 영화를 볼 때 감정적이 되었다.

0977 □ **danger**

명 위험

We were in great **danger** of flooding.
우리는 홍수의 큰 위험에 처해 있었다.

0978 □ **dangerous**

형 위험한

Sharp knives are really **dangerous** to kids.
날카로운 칼은 아이들에게 정말 위험하다.

0979 □ **poison**

명 독, 독약

This lab provides **poison** tests.
이 실험실은 독극물 테스트를 제공한다.

0980 □ **poisonous**

형 독성이 있는, 유독한

Poisonous mushrooms have a pointed cap. 독버섯은 뾰족한 버섯갓이 있다.

Related Words Ⅱ 관련어 Ⅱ

06-10 16-20 26-30 36-40
01-05 11-15 21-25 31-35

◎ 알고 있는 단어는 □에 √표 한 후, 듣고 따라 하세요. T50

0981 □ **appear**
동 나타나다, 생기다
All the guests **appear**ed on time.
손님들이 모두 정시에 나타났다.

0982 □ **appearance**
명 모습, 외모
I noticed some changes in her **appearance**.
나는 그녀의 외모가 좀 변한 것을 발견했다.

0983 □ **remember**
동 기억하다, 기억나다
I still **remember** my first day of school.
나는 학교에 간 첫날을 아직 기억한다.

0984 □ **remembrance**
명 기억, 추억, 기념
He has many good **remembrance**s of his youth.
그는 젊은 날에 대한 좋은 추억을 많이 갖고 있다.

0985 □ **decide**
동 결정하다
I **decide**d to join the soccer team.
나는 축구팀에 가입하기로 결정했다.

0986 □ **decision**
명 결정
Entering the competition was a brilliant **decision**.
시합에 나가기로 한 것은 훌륭한 결정이었다.

0987 □ **explain**
동 설명하다
Can you **explain** why he won the game?
너는 그가 경기에 이긴 이유를 설명할 수 있니?

0988 □ **explanation**
명 설명
My friend left without any **explanation**.
내 친구는 아무런 설명도 없이 떠났다.

0989 □ **describe**
동 말하다, 묘사하다
He **describe**d the new building in detail.
그는 새 건물을 자세히 묘사했다.

0990 □ **description**
명 서술, 설명, 묘사
His **description** was clear and simple.
그의 설명은 간단 명료했다.

0991 ☐ **develop**

동 개발하다, 성장하다, 발달하다

His story was **develop**ed into a movie.
그의 이야기는 영화로 만들어졌다.

0992 ☐ **development**

명 발전, 성장, 개발

There has been a new **development** in this case.
이 경우에 있어서 새로운 발전이 있었다.

0993 ☐ **know**

동 알다, 알고 있다

I **know** the rules of the game.
나는 그 경기의 규칙을 안다.

0994 ☐ **knowledge**

명 지식

My aunt has broad **knowledge** of fashion.
나의 고모는 패션에 관한 폭넓은 지식이 있으시다.

0995 ☐ **arrive**

동 도착하다

When do you think you will **arrive**?
너는 언제쯤 도착할 것 같니?

0996 ☐ **arrival**

명 도착

The expected time of **arrival** is 8:20 p.m.
도착 예상 시각은 오후 8시 20분이다.

0997 ☐ **succeed**

동 성공하다

The project will **succeed** under his leadership.
그 프로젝트는 그의 지도하에 성공할 것이다.

0998 ☐ **success**

명 성공

The plan was such a great **success**.
그 계획은 대단히 성공적이었다.

0999 ☐ **believe**

동 믿다, 생각하다

I **believe** we will win the game.
나는 우리가 경기에 이길 거라고 믿는다.

1000 ☐ **belief**

명 믿음, 신념

My **belief** in you is really strong.
너에 대한 내 믿음은 무척 강하다.

A 우리말과 일치하도록 알맞은 단어를 골라 동그라미 하세요.

1 dessert | desert
사막

2 manner | manners
예의, 예절

3 quite | quiet
조용한

4 accept | except
받아들이다

5 marry | merry
결혼하다

6 quality | quantity
질, 품질

7 late | lately
최근에

8 through | thorough
~을 통하여

B 주어진 단어의 관계를 잘 보고, 빈칸에 알맞은 단어를 쓰세요.

1 power : ___ = meaning : meaningful

2 mess : messy = dirt : ___

3 danger : ___ = poison : poisonous

4 ___ : decision = explain : explanation

5 develop : ___ = know : knowledge

C 셀로판지를 사용하여 숨어 있는 단어를 모두 찾아 쓰세요.

cgpwhbesidezcxgmchange
evbghwhstealcvxsghjkd
experiencevbcontentvghwglkd
whnexperiencevbghwghcvxs
whyhexperience...

_____

_____

_____

_____

D 빈칸에 주어진 글자로 시작하는 알맞은 단어를 써넣어 문장을 완성하세요.

1 Please hold your b_____ for a moment.

잠시 숨을 참으세요.

2 The concert l_____ed about an hour.

그 콘서트는 한 시간 정도 계속됐다.

3 This red dress s_____s you perfectly.

이 빨간 드레스는 네게 딱 어울린다.

4 We should not l_____ all the time.

우리는 항상 거짓말을 해서는 안 된다.

5 Mom b_____ed a flight and hotel online.

엄마는 온라인으로 비행기와 호텔을 예약하셨다.

Prefixes Ⅰ 접두사 Ⅰ

01·05　06·10　11·15　16·20　21·25　26·30　31·35　36·40

◎ 알고 있는 단어는 □에 ✓표 한 후, 듣고 따라 하세요. 🎧T51

| 1001 | □ **un**happy | 혱 불행한　*happy 행복한 |

The movie has a very **unhappy** ending.
그 영화는 매우 불행하게 끝난다.

1002 □ **un**able

혱 ~할 수 없는　*able ~할 수 있는

He was **unable** to move after the accident.
그는 사고 후에 움직일 수가 없었다.

1003 □ **un**friendly

혱 불친절한, 비우호적인　*friendly 친절한, 다정한

The shopkeeper was very **unfriendly** to us.
그 가게 주인은 우리에게 무척 불친절했다.

1004 □ **non**stop

혱 도중에 멈추지 않는, 직행의　*stop 멈춤; 멈추다

We took the **nonstop** flight from Seoul to New York.
우리는 서울에서 뉴욕까지 직항 항공편을 탔다.

1005 □ **non**profit

혱 비영리적인　*profit 이익; 이익을 얻다

My brother is volunteering at a **nonprofit** organization.
나의 형은 비영리 단체에서 자원봉사하고 있다.

1006 □ **im**possible

혱 불가능한　*possible 가능한

It's **impossible** to finish this project in a week. 이 프로젝트를 일주일 만에 끝내는 것은 불가능하다.

1007 □ **im**patient

혱 짜증난, 성급한, 참을성 없는　*patient 참을성 있는

We got **impatient** with the repeated delays. 우리는 반복되는 지연으로 짜증이 났다.

1008 □ **im**polite

혱 무례한　*polite 예의 바른, 공손한

It's **impolite** to talk back to the elders.
어른들에게 말대꾸하는 것은 무례하다.

1009 □ **in**correct

혱 부정확한, 맞지 않는　*correct 정확한, 맞는

The story in the newspaper was **incorrect**.
신문에 난 그 이야기는 사실이 아니었다.

1010 □ **in**convenient

혱 불편한　*convenient 편리한, 간편한

The store is in an **inconvenient** location.
그 가게는 불편한 곳에 있다.

41·45　46·50　51·55　56·60　61·65　66·70　71·75　76·80

1011 ☐ il**legal**

형 불법적인 　* legal 합법적인

Parking on the pavement is **illegal**.
인도에 주차하는 것은 불법이다.

1012 ☐ il**literate**

형 글을 모르는, 문맹의 　* literate 글을 읽고 쓸 줄 아는

He was **illiterate**, but is not any more.
그는 예전에는 글을 몰랐지만, 더 이상 그렇지 않다.

1013 ☐ ir**regular**

형 불규칙한, 고르지 못한 　* regular 규칙적인, 정기적인

The musician has a very **irregular** schedule.
그 음악가는 스케줄이 매우 불규칙하다.

1014 ☐ ir**responsible**

형 무책임한 　* responsible 책임이 있는

It would be **irresponsible** to ignore the notice.
경고를 무시하는 것은 무책임한 일이 될 것이다.

1015 ☐ dis**like**

동 싫어하다 　* like 좋아하다

Why do you **dislike** this movie?
너는 왜 이 영화를 싫어하니?

1016 ☐ dis**honest**

형 정직하지 못한 　* honest 정직한

He gave **dishonest** answers to my
questions. 그는 내 질문에 정직하지 못한 대답을 했다.

1017 ☐ dis**appear**

동 사라지다 　* appear 나타나다

The two girls **disappear**ed around the corner.
여자아이 두 명이 모퉁이 주변에서 사라졌다.

1018 ☐ dis**agree**

동 의견이 다르다, 동의하지 않다 　* agree 동의하다

I **disagree**d with him on every topic.
나는 모든 주제에 대해 그와 의견이 맞지 않았다.

1019 ☐ sub**marine**

명 잠수함 　* marine 바다의, 해양의

I saw a **submarine** only in the movie.
나는 영화에서만 잠수함을 보았다.

1020 ☐ sub**conscious**

명 잠재의식 형 잠재의식의 　* conscious 의식하는

The memory was there in my
subconscious. 기억은 내 잠재의식 속 그곳에 있었다.

◎ 알고 있는 단어는 □에 √표 한 후, 듣고 따라 하세요. T52

1021 □ **monologue**
명 독백, (혼자서 하는) 긴 이야기
The movie begins with the girl's **monologue**.
그 영화는 여자아이의 독백으로 시작한다.

1022 □ **monorail**
명 모노레일 *rail (철도의) 레일
We rode the **monorail** at the amusement park. 우리는 놀이공원에서 모노레일을 탔다.

1023 □ **bimonthly**
부 두 달에 한 번씩 *monthly 한 달에 한 번, 매월
The magazine is published **bimonthly**.
그 잡지는 두 달에 한 번씩 발행된다.

1024 □ **bicycle**
명 (두발)자전거
Dad loves to ride his **bicycle** on weekends.
아빠는 주말에 자전거 타는 것을 정말 좋아하신다.

1025 □ **tricycle**
명 세발자전거
Young children start riding on **tricycle**s.
어린아이들은 세발자전거 타기부터 시작한다.

1026 □ **triangle**
명 삼각형 *angle 각, 각도
Mom cut the sandwiches into **triangle**s.
엄마는 샌드위치를 삼각형으로 자르셨다.

1027 □ **coauthor**
명 공동 집필자 *author 저자, 작가
They published many books as **coauthor**s.
그들은 공동 집필자로 많은 책을 출간했다.

1028 □ **cooperation**
명 협력, 협동 *operation 작업, 작동
I'd like to thank you for your **cooperation**.
도와주셔서 감사합니다.

1029 □ **coworker**
명 동료, 함께 일하는 사람 *worker 노동자, 일하는 사람
She is really nice to her **coworker**s.
그녀는 동료들에게 무척 잘한다.

1030 □ **misfortune**
명 불운, 불행 *fortune 행운, 부, 재산
His injury during the game was a great **misfortune**.
경기 중에 그가 부상을 입은 것은 엄청난 불행이었다.

1031 ☐ **misunderstand**

동 오해하다　* understand 이해하다

I sometimes **misunderstand** her intentions.
나는 가끔 그녀의 의도를 오해한다.

1032 ☐ **mistake**

명 실수, 잘못　동 잘못 생각하다, 오해하다

It was my **mistake** to invite him.
그를 초대한 것은 나의 실수였다.

1033 ☐ **multicultural**

형 다문화의　* cultural 문화의

He grew up in a **multicultural** neighborhood.
그는 다문화 이웃에서 자랐다.

1034 ☐ **multitask**

동 동시에 여러 가지 일을 하다　* task 일, 업무, 과제

The computer helps me **multitask**.
컴퓨터는 내가 동시에 여러 가지 일을 처리하도록 도와준다.

1035 ☐ **semicircle**

명 반원　* circle 원

The outdoor stage is built in a **semicircle**.
야외무대는 반원형으로 지어졌다.

1036 ☐ **ultrasound**

명 초음파　* sound 소리, 음

Mom had an **ultrasound** exam this morning. 엄마는 오늘 아침에 초음파 검사를 받으셨다.

1037 ☐ **automobile**

명 자동차　* mobile 이동하는, 이동식의

His dad is in the **automobile** business.
그의 아빠는 자동차 사업을 하신다.

1038 ☐ **autobiography**

명 자서전　* biography 전기, 일대기

I will write my **autobiography** when I grow up.
나는 커서 내 자서전을 쓸 것이다.

1039 ☐ **ex-president**

명 전직 대통령　* president 대통령

All the **ex-president**s were invited to the meeting.
모든 전직 대통령들이 모임에 초대 받았다.

1040 ☐ **ex-husband**

명 전남편　* husband 남편

She is still nice to her **ex-husband**.
그녀는 그녀의 전남편에게 여전히 친절하다.

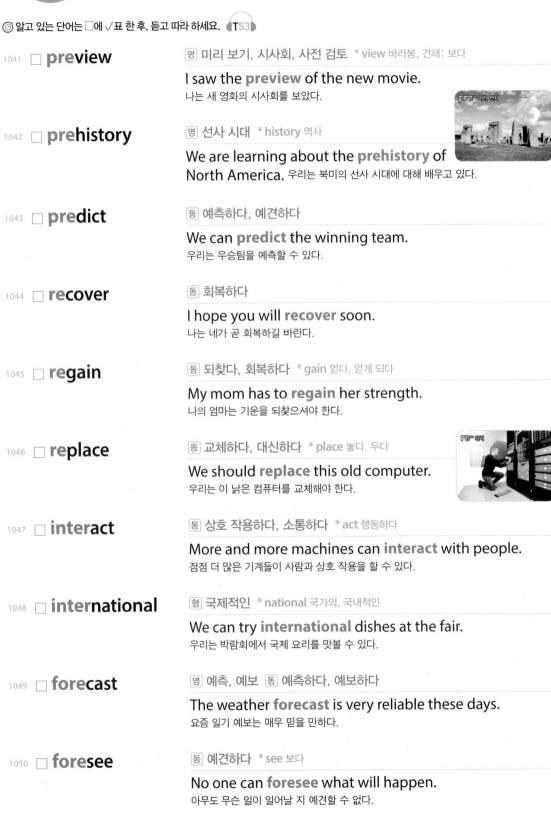

Prefixes Ⅲ 접두사 Ⅲ

01·05 06·10 11·15 16·20 21·25 26·30 31·35 36·40

◎ 알고 있는 단어는 □에 ✓표 한 후, 듣고 따라 하세요. T53

1041 □ **pre**view
명 미리 보기, 시사회, 사전 검토 * view 바라봄, 견해; 보다
I saw the **preview** of the new movie.
나는 새 영화의 시사회를 보았다.

pre- 미리, 먼저

1042 □ **pre**history
명 선사 시대 * history 역사
We are learning about the **prehistory** of North America. 우리는 북미의 선사 시대에 대해 배우고 있다.

1043 □ **pre**dict
동 예측하다, 예견하다
We can **predict** the winning team.
우리는 우승팀을 예측할 수 있다.

1044 □ **re**cover
동 회복하다
I hope you will **recover** soon.
나는 네가 곧 회복하길 바란다.

1045 □ **re**gain
동 되찾다, 회복하다 * gain 얻다, 얻게 되다
My mom has to **regain** her strength.
나의 엄마는 기운을 되찾으셔야 한다.

1046 □ **re**place
동 교체하다, 대신하다 * place 놓다, 두다
We should **replace** this old computer.
우리는 이 낡은 컴퓨터를 교체해야 한다.

re- 다시

1047 □ **inter**act
동 상호 작용하다, 소통하다 * act 행동하다
More and more machines can **interact** with people.
점점 더 많은 기계들이 사람과 상호 작용을 할 수 있다.

1048 □ **inter**national
형 국제적인 * national 국가의, 국내적인
We can try **international** dishes at the fair.
우리는 박람회에서 국제 요리를 맛볼 수 있다.

1049 □ **fore**cast
명 예측, 예보 동 예측하다, 예보하다
The weather **forecast** is very reliable these days.
요즘 일기 예보는 매우 믿을 만하다.

1050 □ **fore**see
동 예견하다 * see 보다
No one can **foresee** what will happen.
아무도 무슨 일이 일어날 지 예견할 수 없다.

1051 ☐ **de**frost

동 해동하다　* frost 서리, 성에; 성에가 끼다

You can **defrost** the soup in the microwave.
너는 전자레인지로 수프를 해동할 수 있다.

1052 ☐ **de**code

동 (암호를) 해독하다　* code 암호, 부호

I want to learn how to **decode** the secret message.
나는 암호문 해독하는 법을 배우고 싶다.

1053 ☐ **post**pone

동 미루다, 연기하다

My family had to **postpone** our vacation because of
snow. 우리 가족은 눈 때문에 휴가를 미뤄야 했다.

1054 ☐ **post**script

명 (편지의) 추신　= p.s.

She promised to write again soon in her
postscript. 그녀는 추신에 곧 다시 편지를 쓰겠다고 약속했다.

1055 ☐ **super**star

명 슈퍼스타　* star 스타

I was very excited to see a **superstar** in person.
나는 슈퍼스타를 직접 만나서 몹시 흥분했다.

1056 ☐ **super**visor

명 감독관, 관리자

We met the **supervisor** of the musical.
우리는 그 뮤지컬의 감독을 만났다.

1057 ☐ **trans**portation

명 교통수단, 수송

Many students take public **transportation** to school.
많은 학생들이 학교에 갈 때 대중교통을 이용한다.

1058 ☐ **trans**fer

동 갈아타다, 옮기다, 이동하다

You can **transfer** to another line at this subway station.
이번 지하철역에서 다른 노선으로 갈아탈 수 있다.

1059 ☐ **over**cooked

형 너무 익힌　* cook 요리하다

I don't like **overcooked** eggs.
나는 너무 익힌 달걀을 좋아하지 않는다.

1060 ☐ **over**load

동 (짐을) 너무 많이 싣다　* load 짐, 화물; 싣다

Don't **overload** the washing machine.
세탁기에 너무 많이 넣지 마라.

Suffixes I 접미사 I

01-05 06-10 11-15 16-20 21-25 26-30 31-35 36-40

알고 있는 단어는 □에 ✓표 한 후, 듣고 따라 하세요. T54

1061 □ **colorful**
형 형형색색의, 다채로운 * color 색깔
She always wears **colorful** dresses.
그녀는 항상 화려한 드레스를 입는다.

1062 □ **use**ful
형 유용한, 쓸모 있는 * use 사용; 사용하다
Cell phones are extremely **useful** in many cases.
휴대 전화는 여러 면에서 아주 유용하다.

1063 □ **thoughtful**
형 생각이 깊은, 사려 깊은, 생각에 잠긴 * thought 생각
I try to be **thoughtful** like my mom.
나는 엄마처럼 사려 깊은 사람이 되려고 노력한다.

1064 □ **countless**
형 무수한, 셀 수 없이 많은 * count 세다
I finally figured it out after **countless** attempts.
나는 무수한 시도 끝에 마침내 그것을 알아냈다.

1065 □ **fearless**
형 두려움을 모르는, 용감한 * fear 두려움, 공포
I admire your **fearless** attitude.
나는 너의 두려움 없는 태도를 존경한다.

-less -이 없는, -할 수 없는

1066 □ **endless**
형 무한한, 끝없는 * end 끝
My teacher has **endless** patience for our class.
나의 선생님은 우리 학급에 대해 끝없는 인내심을 갖고 계신다.

1067 □ **comfortable**
형 편안한, 안락한 * comfort 안락, 위로
I feel really **comfortable** in this chair.
나는 이 의자에 앉으면 정말 편안하다.

-able 가능한, 성질

1068 □ **desirable**
형 바람직한 * desire 욕구, 갈망
It's **desirable** to work well in a team.
팀 내에서 일을 잘하는 것이 바람직하다.

1069 □ **respectable**
형 존경할 만한, 훌륭한 * respect 존경, 경의
We studied **respectable** people in our history class.
우리는 역사 시간에 존경할 만한 사람들을 공부했다.

1070 □ **advantageous**
형 이로운, 유리한 * advantage 이점, 유리한 점
The invention of electricity was **advantageous** for everyone. 전기의 발명은 모두에게 이로웠다.

41·45　46·50　51·55　56·60　61·65　66·70　71·75　76·80

1071 □ adventurous

형 모험심이 강한　* adventure 모험, 모험심

Adventurous people love to go on safari.
모험심이 강한 사람들은 사파리 여행하는 것을 정말 좋아한다.

1072 □ active

형 활발한, 활동적인　* activity 활동

I try to stay **active** during the winter by skiing.
나는 스키를 타면서 겨울에 활발하게 지내려고 노력한다.

1073 □ competitive

형 경쟁심이 강한, 경쟁력 있는, 뒤지지 않는　* compete 경쟁하다

He is a very **competitive** player.
그는 매우 경쟁심이 강한 선수이다.

1074 □ happiness

명 행복　* happy 행복한

Happiness matters the most to choose your job.
행복이 직업을 선택할 때 가장 중요하다.

1075 □ kindness

명 친절　* kind 친절한

My uncle helps many people out of **kindness**.
나의 삼촌은 친절한 마음에서 많은 사람들을 도와주신다.

1076 □ laziness

명 게으름　* lazy 게으른

You should get rid of **laziness** right away.
너는 당장 게으름을 없애야 한다.

1077 □ employer

명 고용주, 고용인　* employ 고용하다

Dad's **employer** gives a scholarship every year.
아빠의 사장님은 매년 장학금을 주신다.

1078 □ inventor

명 발명가　* invent 발명하다

Thomas Edison is the **inventor** of the electric light bulb.
토머스 에디슨은 전구를 발명한 사람이다.

1079 □ artist

명 예술가, 화가　* art 예술, 미술

Van Gogh is my favorite **artist**.
반 고흐는 내가 매우 좋아하는 화가이다.

1080 □ tourist

명 관광객, 여행객　* tour 여행, 관광

This place is always crowded with **tourists**.
이곳은 항상 관광객들로 붐빈다.

◎ 알고 있는 단어는 □에 √표 한 후, 듣고 따라 하세요. T55

1081 □ **move**ment
명 움직임, 운동 *move 움직이다
We wear loose clothes for easier **movement**.
우리는 좀 더 편하게 움직이기 위해 헐렁한 옷을 입는다.

1082 □ **punish**ment
명 벌, 처벌 *punish 처벌하다, 벌주다
We should follow the rules to avoid **punishment**. 벌을 받지 않으려면 규칙을 따라야 한다.

1083 □ **argu**ment
명 논쟁, 말다툼 *argue 주장하다, 언쟁하다
I had an **argument** on this issue with him.
나는 이 문제에 대해 그와 논쟁했다.

1084 □ **invitat**ion
명 초대, 초대장 *invite 초대하다
I got her birthday **invitation** yesterday.
나는 어제 그녀의 생일 초대장을 받았다.

1085 □ **communicat**ion
명 의사소통, 연락 *communicate 의사소통하다
Clear **communication** is really important.
명확한 의사소통은 정말 중요하다.

1086 □ **act**ion
명 행동, 동작 *act 행동하다
Think first and then take **action**.
먼저 생각하고 그 다음에 행동해라.

1087 □ **suggest**ion
명 제안, 의견 *suggest 제안하다
I would listen to all your **suggestion**s.
나는 네 제안들을 모두 들을 것이다.

1088 □ **product**ion
명 생산 *produce 생산하다
They do experiments on new food **production**. 그들은 새로운 식량 생산에 대한 실험을 한다.

1089 □ **express**ion
명 표현, 표출 *express 표현하다
Sometimes facial **expression**s are really important.
때때로 얼굴 표정은 아주 중요하다.

1090 □ **sharp**en
동 날카롭게 하다 *sharp 날카로운, 뾰족한
I can **sharpen** your pencils for you.
나는 널 위해 네 연필들을 깎아 줄 수 있다.

1091 ☐ **dark**en

동 어둡게 만들다 * dark 어두운

The clouds **darken**ed the sky.
구름이 하늘을 어둡게 했다.

1092 ☐ **weak**en

동 약화시키다 * weak 약한

Stress may **weaken** our ability to focus.
스트레스는 집중력을 약화시킬 수 있다.

1093 ☐ **strength**en

동 강화하다, 강하게 하다 * strength 힘, 기운

Exercise always **strengthen**s our bodies.
운동은 항상 우리 몸을 강하게 만든다.

1094 ☐ **simpl**ify

동 간단하게 하다 * simple 간단한, 단순한

Can you **simplify** what you said?
네가 말한 것을 간단히 정리해 주겠니?

1095 ☐ **pur**ify

동 정화하다, 깨끗이 하다 * pure 순수한, 깨끗한

It's important to **purify** our water.
물을 정화하는 것이 중요하다.

1096 ☐ **commun**ism

명 공산주의 * commune 공동체

Not many countries believe in **communism** these days.
요즘에는 공산주의를 신봉하는 나라들이 많지 않다.

1097 ☐ **capital**ism

명 자본주의 * capital 자금, 자산

Capitalism focuses on making profits.
자본주의는 이윤을 내는 데 초점을 맞춘다.

1098 ☐ **free**dom

명 자유 * free 자유로운

People can't live without **freedom**.
사람은 자유 없이 살 수 없다.

1099 ☐ **star**dom

명 스타덤, 스타의 반열 * star 스타

It's hard to achieve **stardom** among
singers. 가수들 사이에서 스타의 반열에 오르는 것은 어렵다.

1100 ☐ **bore**dom

명 지루함, 따분함 * bore 지루하게 하다

We began to chat out of **boredom**.
우리는 따분해서 수다를 떨기 시작했다.

A 주어진 철자를 바르게 나열하여 단어를 완성하세요.

1 u b a l n e _____

2 i e l g l a l _____

3 d c o e d e _____

4 c b y i e c l _____

5 r i n e g a _____

6 f o e s e r e _____

7 t i v a c e _____

8 e d l e n s s _____

9 u f u s e l _____

10 n t o o s p n _____

B 우리말과 일치하도록 빈칸에 공통으로 알맞은 말을 쓰세요.

1 ☐☐☐like 싫어하다
☐☐☐agree 동의하지 않다

2 ☐☐☐view 미리 보기
☐☐☐dict 예측하다

3 ☐☐cover 회복하다
☐☐place 교체하다

4 ☐☐take 실수하다
☐☐understand 오해하다

5 kind☐☐☐☐ 친절
happi☐☐☐☐ 행복

6 art☐☐☐ 예술가, 화가
tour☐☐☐ 관광객

7 pur☐☐☐ 깨끗이 하다
simpl☐☐☐ 간단하게 하다

8 argu☐☐☐☐ 논쟁, 말다툼
move☐☐☐☐ 움직임, 운동

정답 **A** 1 unable 2 illegal 3 decode 4 bicycle 5 regain 6 foresee 7 active 8 endless 9 useful 10 nonstop **B** 1 dis 2 pre 3 re 4 mis 5 ness 6 ist 7 ify 8 ment

144 VOCA Hunter 예비중학편

C 셀로판지를 사용하여 숨어 있는 단어를 <u>모두</u> 찾아 쓰세요.

Pyterincorrectqatrcoworkergerpu
atgareirregulardnwtransferpikfsl
arlinteractiqabcomfortablekpeqbr

_____   _____

_____   _____

D 빈칸에 주어진 글자로 시작하는 알맞은 단어를 써넣어 문장을 완성하세요.

1 It's i_____ to talk back to the elders.

어른들에게 말대꾸하는 것은 무례하다.

2 Think first and then take a_____.

먼저 생각하고 그 다음에 행동해라.

3 The movie has a very u_____ ending.

그 영화는 매우 불행하게 끝난다.

4 I admire your f_____ attitude.

나는 너의 두려움 없는 태도를 존경한다.

5 I can s_____ your pencils for you.

나는 널 위해 네 연필들을 깎아 줄 수 있다.

Antonyms I 반의어 I

01·05　06·10　11·15　16·20　21·25　26·30　31·35　36·40

◎ 알고 있는 단어는 □에 √표 한 후, 듣고 따라 하세요. **T56**

1101 □ **large**

형 큰, 많은

Grandma has a **large** house.
할머니는 큰 집을 가지고 계신다.

1102 □ **little**

형 작은, 어린

I have a **little** kitten for a pet.
나는 애완동물로 작은 새끼 고양이가 있다.

1103 □ **deep**

형 깊은

The swimming pool is quite **deep**.
그 수영장은 꽤 깊다.

1104 □ **shallow**

형 얕은

You can walk across this **shallow** stream.
너는 이 얕은 개울을 걸어서 건너갈 수 있다.

1105 □ **wide**

형 넓은

We have to cross a **wide** road.
우리는 넓은 길을 건너야 한다.

1106 □ **narrow**

형 좁은

I walked through the **narrow** hallway.
나는 좁은 복도를 쭉 걸어갔다.

1107 □ **sharp**

형 뾰족한, 날카로운

Children should not play with **sharp** objects.
아이들은 날카로운 물건을 가지고 놀면 안 된다.

1108 □ **dull**

형 무딘

Mom is sharpening a **dull** knife.
엄마는 무딘 칼을 갈고 계신다.

1109 □ **thick**

형 두꺼운

He is wearing a very **thick** coat.
그는 무척 두꺼운 코트를 입고 있다.

1110 □ **thin**

형 얇은, 가는

I prefer a **thin** crust pizza.
나는 얇은 크러스트 피자를 더 좋아한다.

1111 □ **easy**	형 쉬운
	Today's math test was very **easy**.
	오늘 수학 시험은 아주 쉬웠다.

1112 □ **difficult**	형 어려운
	My chemistry homework is **difficult**.
	내 화학 숙제는 어렵다.

1113 □ **same**	형 같은, 동일한
	We live on the **same** street.
	우리는 같은 거리에 살고 있다.

1114 □ **different**	형 다른
	American English is **different** from British English.
	미국 영어와 영국 영어는 다르다.

1115 □ **urban**	형 도시의
	My grandparents do not like **urban** life.
	나의 조부모님은 도시 생활을 안 좋아하신다.

1116 □ **rural**	형 시골의
	We will visit a national park in a **rural** area.
	우리는 시골 지역에 있는 국립 공원을 방문할 것이다.

1117 □ **majority**	명 대다수, 가장 많은 수
	The **majority** of students take a bus to school.
	대다수의 학생들은 버스를 타고 학교에 간다.

1118 □ **minority**	명 소수
	Only a **minority** of students walk to school.
	소수의 학생들만 걸어서 학교에 간다.

1119 □ **ancestor**	명 조상, 선조
	Our **ancestor**s wore traditional clothes.
	우리 조상들은 전통 의상을 입었다.

1120 □ **descendant**	명 자손, 후손
	She is a **descendant** of a famous inventor.
	그녀는 유명한 발명가의 후손이다.

Antonyms Ⅱ 반의어 Ⅱ

01-05 06-10 11-15 16-20 21-25 26-30 31-35 36-40

◎ 알고 있는 단어는 □에 ✓표 한 후, 듣고 따라 하세요. T57

1121 □ **old**
형 늙은, 나이 많은, 오래된
We should respect **old** people.
우리는 노인들을 공경해야 한다.

1122 □ **young**
형 어린, 젊은
He looks **young** for his age.
그는 나이에 비해 젊어 보인다.

1123 □ **hard**
형 딱딱한, 단단한
Steel is an example of a **hard** material.
강철은 단단한 물질의 한 예이다.

1124 □ **soft**
형 부드러운, 푹신한
I want a **soft** pillow.
나는 푹신한 베개를 원한다

1125 □ **fast**
형 빠른
The baseball player is a **fast** runner.
그 야구 선수는 빨리 달린다.

1126 □ **slow**
형 느린
My grandpa is a **slow** walker.
나의 할아버지는 천천히 걸으신다.

1127 □ **cheap**
형 저렴한, 값싼
We got a computer at a **cheap** price.
우리는 싼값에 컴퓨터를 샀다.

1128 □ **expensive**
형 비싼, 돈이 많이 드는
Those diamond rings are **expensive**.
저 다이아몬드 반지들은 비싸다.

1129 □ **normal**
형 보통의, 평범한, 정상적인 명 보통, 평균, 정상
Our **normal** body temperature is around 37 degrees.
우리의 정상 체온은 약 37도이다.

1130 □ **abnormal**
형 비정상의, 이상한
He suffers from **abnormal** levels of sugar in the blood.
그는 비정상적인 혈당 수치로 고통받고 있다.

1131 ☐ **ordinary**

형 보통의, 평범한, 일상적인

I thought yesterday was another **ordinary** day.
나는 어제도 평범한 하루였다고 생각했다.

1132 ☐ **extraordinary**

형 기이한, 놀라운, 비범한

Some dogs have an **extraordinary** sense of smell.
어떤 개들은 놀라운 후각을 가지고 있다.

1133 ☐ **question**

명 질문, 문제

Please let me know if you have any **question**s.
질문이 있으면 알려 주세요.

1134 ☐ **answer**

명 대답, 응답 동 대답하다

He gave me an **answer** right away.
그는 나에게 곧바로 답을 주었다.

1135 ☐ **add**

동 더하다, 추가하다

I will **add** your name to the invitation list.
나는 초대 목록에 네 이름을 추가할 것이다.

1136 ☐ **subtract**

동 빼다, 덜다

Subtract ten dollars from the total bill.
총 금액에서 10달러를 빼라.

1137 ☐ **attach**

동 붙이다, 첨부하다

Attach the file before you send it.
그것을 보내기 전에 파일을 첨부해라.

1138 ☐ **detach**

동 떼다, 분리하다

Detach the coupon and give it to me.
쿠폰을 떼어서 나에게 줘.

1139 ☐ **attack**

동 공격하다

The violent dog **attack**ed the passerby.
사나운 개가 행인을 공격했다.

1140 ☐ **defend**

동 방어하다, 변호하다

My best friend **defend**ed my behavior.
나의 가장 친한 친구가 내 행동을 변호해 주었다.

Antonyms Ⅲ 반의어 Ⅲ

01·05 06·10 11·15 16·20 21·25 26·30 31·35 36·40

◎ 알고 있는 단어는 □에 ✔표 한 후, 듣고 따라 하세요. 🎧 T58

1141 □ **generous**
[형] 너그러운, 관대한

It is **generous** of you to help me.
나를 도와주다니 너는 관대하다.

1142 □ **stingy**
[형] 인색한, 구두쇠의

Mr. Scrooge is a very **stingy** man.
Scrooge 씨는 매우 인색한 사람이다.

1143 □ **guilty**
[형] 죄를 범한, 유죄의

I feel **guilty** about being late again.
나는 또 늦은 것에 대해 죄책감을 느낀다.

1144 □ **innocent**
[형] 아무 잘못이 없는, 무고한, 결백한

The accident killed many **innocent** people.
그 사고는 많은 무고한 사람들을 죽였다.

1145 □ **timid**
[형] 소심한, 용기가 없는, 겁 많은

The boy answered with a **timid** voice.
그 남자아이는 소심한 목소리로 대답했다.

1146 □ **bold**
[형] 용감한, 대담한

The **bold** firefighter saved the child.
용감한 소방관이 그 아이를 구했다.

1147 □ **poor**
[형] 가난한, 불쌍한

I volunteer at a center to help **poor** people.
나는 가난한 사람들을 도와주는 센터에서 자원봉사를 한다.

1148 □ **rich**
[형] 부유한 ⊕ wealthy

Only **rich** people can afford this expensive car.
부자들만 이 비싼 차를 살 수 있다.

1149 □ **strong**
[형] 강한

I want to be a **strong** man like my dad.
나는 아빠처럼 강한 사람이 되고 싶다.

1150 □ **weak**
[형] 약한

She felt **weak** after her operation.
그녀는 수술 후에 몸이 약해졌다.

1151 ☐ **arrogant**

형 오만한, 거만한

His boss was **arrogant** and rude.
그의 상사는 거만하고 무례했다.

1152 ☐ **humble**

형 겸손한, 소박한

I want to be polite and **humble** all the time.
나는 항상 예의 바르고 겸손하고 싶다.

1153 ☐ **even**

형 짝수의, 평평한, 고른

Two, four, and six are **even** numbers.
2, 4, 6은 짝수이다.

1154 ☐ **odd**

형 홀수의, 이상한, 특이한

One, three, and five are **odd** numbers.
1, 3, 5는 홀수이다.

1155 ☐ **maximum**

형 최고의, 최대의 명 최고, 최대

This elevator can carry a **maximum** load of 1,200 kg.
이 엘리베이터는 최대 1,200 kg까지 짐을 실을 수 있다.

1156 ☐ **minimum**

형 최저의, 최소한의 명 최소, 최저

He survived with a **minimum** amount of money.
그는 최소한의 돈으로 생존했다.

1157 ☐ **import**

동 수입하다 명 수입, 수입품

This country **import**s oil from Saudi Arabia.
이 나라는 사우디아라비아에서 석유를 수입한다.

1158 ☐ **export**

동 수출하다 명 수출, 수출품

Our country **export**s many kinds of cars.
우리나라는 많은 종류의 자동차들을 수출한다.

1159 ☐ **guest**

명 손님, 초대받은 사람

How many **guest**s are coming to the
party? 파티에 손님이 몇 명 오시나요?

1160 ☐ **host**

명 (손님을 초대한) 주인, 주최자 동 (행사를) 주최하다

Who is the **host** of the school festival?
학교 축제의 주최자가 누구니?

◎ 알고 있는 단어는 □에 √표 한 후, 듣고 따라 하세요. ▶T59

1161 □ **empty**
형 빈, 비어 있는

I started to pack my **empty** bag.
나는 빈 가방에 짐을 싸기 시작했다.

1162 □ **full**
형 가득 찬, 배부른

The theater was **full** of people.
극장은 사람들로 가득 차 있었다.

1163 □ **wet**
형 젖은, 축축한

Be careful on the **wet** floor.
젖은 바닥을 조심해라.

1164 □ **dry**
형 마른, 건조한 동 말리다, 건조시키다

All the clothes are completely **dry** now.
모든 옷들이 이제 완전히 말랐다.

1165 □ **right**
형 옳은, 맞는, 정확한, 오른쪽의

Helping him was the **right** decision.
그를 돕는 것은 옳은 결정이었다.

1166 □ **wrong**
형 틀린, 잘못된

He sent me the **wrong** message.
그는 나에게 잘못된 메시지를 보냈다.

1167 □ **private**
형 사적인, 개인적인

The actor doesn't want to talk about his **private** life.
그 배우는 자신의 사생활에 대해 말하고 싶어하지 않는다.

1168 □ **public**
형 공공의, 대중의

All of us go to a large **public** school.
우리 모두는 큰 공립 학교에 다닌다.

1169 □ **ancient**
형 고대의, 아주 오래된

We learned about **ancient** Egyptian history today. 우리는 오늘 고대 이집트 역사에 대해 배웠다.

1170 □ **modern**
형 현대의, 현대적인

Modern technology is amazing.
현대의 과학 기술은 놀랍다.

1171 ☐ **obvious**	형 분명한, 명백한
	It's **obvious** that your parents love you.
	너의 부모님이 너를 사랑하시는 것은 명백하다.

1172 ☐ **obscure**	형 분명치 않은, 모호한
	His answer is **obscure** and confusing.
	그의 대답은 모호하고 혼란스럽다.

1173 ☐ **complex**	형 복잡한
	Human bodies do **complex** functions.
	인체는 복잡한 기능들을 한다.

1174 ☐ **simple**	형 간단한, 단순한
	The solution is not complex but **simple**.
	해결책은 복잡하지 않고 간단하다.

1175 ☐ **problem**	명 문제
	I figured out the **problem**.
	나는 그 문제를 이해했다.

1176 ☐ **solution**	명 해법, 해결책
	My brother came up with a brilliant
	solution. 나의 오빠가 훌륭한 해결책을 생각해 냈다.

1177 ☐ **copy**	명 복사본
	This is a **copy** of van Gogh's artwork.
	이것은 반 고흐 작품의 복제품이다.

1178 ☐ **original**	명 원본 형 원래의, 독창적인
	The **original** is displayed at this museum.
	원본은 이 박물관에서 전시되어 있다.

1179 ☐ **artificial**	형 인공의, 인위적인
	These **artificial** flowers look real.
	이 조화들은 진짜처럼 보인다.

1180 ☐ **natural**	형 자연의, 가공하지 않은
	Mom cooks with **natural** seasonings.
	엄마는 천연 조미료로 요리하신다.

Antonyms Ⅴ 반의어 Ⅴ

◎ 알고 있는 단어는 □에 √표 한 후, 듣고 따라 하세요. 🎧T60

1181 □ **begin**

동 시작하다

When does the concert **begin**?
콘서트는 언제 시작하니?

1182 □ **end**

동 끝나다, 끝내다 명 끝

The rainy season will **end** soon.
우기가 곧 끝날 것이다.

1183 □ **enter**

동 들어가다, 들어오다

Take off your shoes before you **enter**.
들어오기 전에 신발을 벗어라.

1184 □ **exit**

동 나가다, 퇴장하다 명 출구

You can **exit** through the back door.
너는 뒷문을 통해 나갈 수 있다.

1185 □ **doubt**

동 의심하다, 믿지 않다 명 의심, 의혹

I **doubt** if the actor will come.
나는 그 배우가 올지 의문이다.

1186 □ **trust**

동 믿다, 신뢰하다 명 신뢰, 확신

You can **trust** me in every way.
너는 모든 면에서 나를 믿어도 된다.

1187 □ **pass**

동 통과하다, 합격하다, 건네주다, 지나가다

I studied hard to **pass** the exam.
나는 시험에 합격하려고 열심히 공부했다.

1188 □ **fail**

동 실패하다

I studied hard not to **fail** the exam.
나는 시험에 떨어지지 않으려고 열심히 공부했다.

1189 □ **include**

동 포함하다, 포함시키다

Please **include** your name and number.
이름과 전화번호를 포함시키세요.

1190 □ **exclude**

동 제외하다, 차단하다

We should not **exclude** him from the party.
우리는 파티에 그를 제외시키면 안 된다.

41-45 46-50 51-55 56-60 61-65 66-70 71-75 76-80

1191 ☐ **increase**

동 증가하다, 늘리다

The price of gold **increase**d a lot recently.
최근 금값이 많이 올랐다.

1192 ☐ **decrease**

동 감소하다, 줄이다

The number of new students **decrease**d by 10 percent. 신입생 수가 10퍼센트 감소했다.

1193 ☐ **demand**

명 요구, 수요 동 요구하다, 필요로 하다

There is a big **demand** for healthier snacks.
건강에 더 좋은 간식에 대한 수요가 많다.

1194 ☐ **supply**

명 공급, 제공 동 공급하다, 제공하다

The law of **supply** and demand affects the price of goods. 수요와 공급의 법칙은 상품의 가격에 영향을 미친다.

1195 ☐ **pull**

동 당기다, 끌다, 뽑다

Pull the plug out.
플러그를 뽑아라.

1196 ☐ **push**

동 밀다

I **push**ed the shopping cart for Mom.
나는 엄마를 위해 쇼핑 카트를 밀었다.

1197 ☐ **lend**

동 빌려주다

He would not **lend** me his new laptop.
그는 내게 새 노트북 컴퓨터를 빌려주지 않으려 했다.

1198 ☐ **borrow**

동 빌리다

Can I **borrow** your umbrella?
내가 네 우산을 빌려도 될까?

1199 ☐ **south**

부 남쪽으로 명 남쪽

Turn **south** onto Apple Street.
Apple가를 향해 남쪽으로 돌아라.

1200 ☐ **north**

부 북쪽으로 명 북쪽

We are taking the train **north**.
우리는 북쪽으로 가는 기차를 탈 것이다.

A 주어진 단어와 반대의 의미를 가진 단어를 쓰세요.

1 cheap ↔ _____	2 pull ↔ _____
3 wrong ↔ _____	4 complex ↔ _____
5 lend ↔ _____	6 include ↔ _____
7 import ↔ _____	8 innocent ↔ _____
9 arrogant ↔ _____	10 increase ↔ _____

B 빈칸에 알맞은 글자를 써넣어 단어를 완성한 후, 그 글자들로 이루어진 단어를 쓰세요.

1
```
e  a  [ ]  y
   b  [ ]  l  d
d  e  [ ]  e  n  d
l  i  [ ]  t  l  e
```
_____

2
```
t  h  i  [ ]  k
         [ ]  d  d
s  u  p  [ ]  l  y
   d  r  [ ]
```
_____

3
```
w  e  [ ]
h  a  [ ]  d
   r  [ ]  r  a  l
h  o  [ ]  t
e  n  [ ]  e  r
```
_____

4
```
p  u  [ ]  h
   t  [ ]  i  n
   l  [ ]  r  g  e
s  t  [ ]  o  n  g
e  m  [ ]  t  y
```
_____

C 셀로판지를 사용하여 숨어 있는 단어를 <u>모두</u> 찾아 쓰세요.

_____   _____

_____   _____

D 빈칸에 주어진 글자로 시작하는 알맞은 단어를 써넣어 문장을 완성하세요.

1 I walked through the n_____ hallway.

나는 좁은 복도를 쭉 걸어갔다.

2 Our a_____s wore traditional clothes.

우리 조상들은 전통 의상을 입었다.

3 Two, four, and six are e_____ numbers.

2, 4, 6은 짝수이다.

4 American English is d_____ from British English.

미국 영어와 영국 영어는 다르다.

5 Our n_____ body temperature is around 37 degrees.

우리의 정상 체온은 약 37도이다.

Nouns 명사

01-05　06-10　11-15　16-20　21-25　26-30　31-35　36-40

◎ 알고 있는 단어는 □에 √표 한 후, 듣고 따라 하세요. **T61**

1201 □ **accident**

몡 사고, 우연한 일

He had a car **accident** last week.
그는 지난주에 자동차 사고를 당했다.

1202 □ **appointment**

몡 약속, 임명

I have an **appointment** with the dentist.
나는 치과 예약이 있다.

1203 □ **battle**

몡 전투, 싸움

We learned about the **Battle** of Waterloo.
우리는 워털루 전투에 대해 배웠다.

1204 □ **custom**

몡 관습, 풍습

It's an old **custom** in our country.
그것은 우리나라의 오래된 관습이다.

1205 □ **damage**

몡 손상, 피해

The earthquake caused heavy **damage** to the city. 지진이 그 도시에 심각한 피해를 입혔다.

1206 □ **discovery**

몡 발견, 발견된 것

The **discovery** of penicillin was a turning point in human history. 페니실린의 발견은 인류 역사에 있어서 하나의 전환점이었다.

1207 □ **economy**

몡 경제

The global **economy** is getting better.
세계 경제가 호전되고 있다.

1208 □ **equipment**

몡 장비, 용품

The photographer is setting up his **equipment**. 사진 작가가 장비를 설치하고 있다.

1209 □ **fact**

몡 사실

I am sorry that he misunderstood the **fact**.
그가 사실을 오해했다니 유감스럽다.

1210 □ **fault**

몡 잘못, 단점

It's my **fault** that I missed the bus.
버스를 놓친 것은 내 잘못이다.

41·45   46·50   51·55   56·60   61·65   66·70   71·75   76·80

1211 □ **habit**

명 습관, 버릇

Eating fast is a bad **habit**.
빨리 먹는 것은 나쁜 습관이다.

1212 □ **information**

명 정보

For further **information**, please contact us.
상세한 정보를 원하시면 저희에게 연락 주세요.

1213 □ **memory**

명 기억, 추억

I have a vivid **memory** of that day.
나는 그날을 생생하게 기억한다.

1214 □ **method**

명 방법

I heard about a new **method** for growing fruit.
나는 과일을 재배하는 새로운 방법에 대해 들었다.

1215 □ **opinion**

명 의견, 생각

In my **opinion**, that's a great idea.
내 생각에 그것은 아주 좋은 아이디어이다.

1216 □ **peace**

명 평화 반 war 전쟁

Leaders should try hard to keep the **peace**.
지도자들은 평화를 유지하기 위해 열심히 노력해야 한다.

1217 □ **result**

명 결과

I can predict the **result** of the exam.
나는 시험 결과를 예측할 수 있다.

1218 □ **society**

명 사회

We live in a multicultural **society**.
우리는 다문화 사회에서 살고 있다.

1219 □ **trouble**

명 애, 문제, 골칫거리

I had **trouble** with my science homework.
나는 과학 숙제 때문에 애를 먹었다.

1220 □ **value**

명 가치

All of us appreciate the **value** of a good education.
우리 모두 좋은 교육의 가치를 인정한다.

Adjectives I 형용사 I

01·05 · 06·10 · 11·15 · 16·20 · 21·25 · 26·30 · 31·35 · 36·40

◎ 알고 있는 단어는 □에 ✔표 한 후, 듣고 따라 하세요. 🎧T62

1221 ☐ **absent**
[형] 결석한, 결근한 ⑪ present 참석한, 출석한

I was **absent** from school yesterday.
나는 어제 학교에 결석했다.

1222 ☐ **available**
[형] 이용할 수 있는, 구할 수 있는

That coat is **available** in blue.
저 코트는 파란색도 구입 가능하다.

1223 ☐ **common**
[형] 흔한, 공통의

Kim is a very **common** last name.
김은 아주 흔한 성씨이다.

1224 ☐ **current**
[형] 현재의, 지금의

What is your **current** address?
당신의 현주소는 무엇인가요?

1225 ☐ **early**
[형] 이른 [부] 일찍

The **early** bird catches the worm.
일찍 일어나는 새가 벌레를 잡는다.

1226 ☐ **economic**
[형] 경제의, 경제적인 * economics 경제학

The country is in the middle of an **economic** crisis.
그 나라는 경제 위기에 처해 있다.

1227 ☐ **foreign**
[형] 외국의

I want to travel to **foreign** countries
more. 나는 외국 여행을 더 하고 싶다.

1228 ☐ **human**
[형] 인간의, 인간적인 [명] 인간, 사람

This novel shows **human** kindness.
이 소설은 인간의 친절함을 보여 준다.

1229 ☐ **important**
[형] 중요한

Exercise is very **important** for health.
운동은 건강에 매우 중요하다.

1230 ☐ **local**
[형] 지역의, 현지의

My family will have dinner at a **local** restaurant.
나의 가족은 현지 음식점에서 저녁을 먹을 것이다.

41-45　'46-50　51-55　56-60　61-65　66-70　71-75　76-80

1231 □ medical

형 의학의, 의료의

His recovery was a **medical** miracle.
그의 회복은 의학의 기적이었다.

1232 □ national

형 국가의, 국내적인, 전국적인

I feel humble when I sing the **national** anthem. 나는 국가를 부를 때 겸손해진다.

1233 □ other

형 다른, 그 밖의

What do **other** people think about this new program?
다른 사람들은 이 새 프로그램에 대해 어떻게 생각할까?

1234 □ personal

형 개인의, 개인적인

This is just my **personal** opinion.
이것은 순전히 나의 개인적인 의견이다.

1235 □ political

형 정치적인　* politics 정치, 정치학

We discussed **political** issues in our debate class.
우리는 토론 수업에서 정치적인 쟁점들에 대해 논의했다.

1236 □ real

형 진짜의, 현실적인, 실제의

Relationships are very important in **real** life.
관계는 실생활에서 매우 중요하다.

1237 □ recent

형 최근의

This website has the most **recent** information about skiing. 이 웹 사이트에는 스키에 관한 가장 최신 정보가 있다.

1238 □ social

형 사회의, 사교적인

My brother has poor **social** skills.
나의 남동생은 사회성이 부족하다.

1239 □ special

형 특별한

I am saving money for a **special** occasion.
나는 특별한 경우를 위해 돈을 모으고 있다.

1240 □ whole

형 전체의, 모든

He is the fastest runner in the **whole** world.
그는 전 세계에서 가장 빨리 달린다.

◎ 알고 있는 단어는 □에 ✓표 한 후, 듣고 따라 하세요. (T63)

1241 □ **central**
형 중앙의, 중심이 되는

The museum is located in **central** downtown.
그 박물관은 시내 중심에 위치해 있다.

1242 □ **dead**
형 죽은

His grandparents are **dead**.
그의 조부모님은 돌아가셨다.

1243 □ **entire**
형 전체의, 전부의

He read the **entire** book in an hour.
그는 한 시간 만에 그 책을 전부 다 읽었다.

1244 □ **environmental**
형 환경의

Even children should pay attention to **environmental** issues. 아이들도 환경 문제에 관심을 가져야 한다.

1245 □ **equal**
형 같은, 동일한, 동등한

We divided the snacks into three **equal** shares. 우리는 간식을 3등분으로 똑같이 나누었다.

1246 □ **final**
형 마지막의, 최종적인

Our team advanced to the **final** round.
우리 팀이 결승전에 진출했다.

1247 □ **financial**
형 금융의, 재정상의

The school provides some **financial** support. 그 학교는 재정적 지원을 조금 해 준다.

1248 □ **general**
형 일반적인, 보통의

As a **general** rule, stretch before you exercise.
일반적으로, 운동을 하기 전에 스트레칭을 해라.

1249 □ **main**
형 주요한, 주된

Who is the **main** character in this play?
누가 이 연극의 주인공이니?

1250 □ **necessary**
형 필요한

It is **necessary** for us to attend the meeting.
우리는 그 모임에 참석할 필요가 있다.

1251 ☐ **physical**

형 신체의, 물리적인

No **physical** contact is allowed in the game.
어떤 신체적인 접촉도 경기에서 허용되지 않는다.

1252 ☐ **precious**

형 귀중한, 소중한, 값비싼

This photo brings me **precious** memories of my grandma.
이 사진은 내게 할머니에 대한 소중한 추억을 불러일으킨다.

1253 ☐ **ready**

형 준비가 된

I am **ready** to go now.
나는 이제 갈 준비가 되었다.

1254 ☐ **religious**

형 종교의, 신앙심이 깊은

He is **religious** and goes to church every Sunday.
그는 신앙심이 깊고 일요일마다 교회에 간다.

1255 ☐ **serious**

형 진지한, 심각한

Skipping school was a **serious** mistake.
학교를 빼먹은 것은 심각한 실수였다.

1256 ☐ **several**

형 몇몇의, 여러 가지의

It will take **several** hours to finish the homework.
숙제를 끝내려면 몇 시간이 걸릴 것이다.

1257 ☐ **significant**

형 중요한, 의미 있는

Good health is **significant** for everyone.
건강은 누구에게나 중요하다.

1258 ☐ **similar**

형 비슷한, 닮은

Your backpack is very **similar** to mine.
네 배낭은 내 것과 아주 비슷하다.

1259 ☐ **urgent**

형 긴급한

That was an **urgent** message from Mom.
그것은 엄마에게서 온 긴급 메시지였다.

1260 ☐ **various**

형 다양한, 여러 가지의

Bags come in **various** sizes and colors. 가방들은 크기와 색상이 다양하다.

Adjectives Ⅲ 형용사 Ⅲ

01-05 06-10 11-15 16-20 21-25 26-30 31-35 36-40

◎ 알고 있는 단어는 □에 ✓표 한 후, 듣고 따라 하세요. (T64)

1261 □ **excited**

형 신이 난, 흥분한

I was **excited** about opening my birthday gifts.
나는 생일 선물을 여는 것에 무척 신이 났다.

1262 □ **surprised**

형 놀란, 놀라는 * shocked 충격을 받은

We were **surprised** by his unexpected visit.
우리는 그의 예상치 못한 방문에 깜짝 놀랐다.

1263 □ **angry**

형 화난, 성난 * annoyed 짜증이 난

What made you so **angry**?
너는 왜 그렇게 화가 났니?

1264 □ **upset**

형 속상한

We got **upset** to hear the bad news.
우리는 나쁜 소식을 듣고 속상했다.

1265 □ **scared**

형 무서워하는, 겁먹은

I am **scared** about speaking in front of the whole school.
나는 전교생 앞에서 말하는 것이 겁이 난다.

1266 □ **nervous**

형 긴장한, 불안해하는

I get **nervous** before a big exam.
나는 중요한 시험을 앞두고 긴장된다.

1267 □ **worried**

형 걱정하는

I am **worried** about his health.
나는 그의 건강이 걱정된다.

1268 □ **hungry**

형 배고픈

I was **hungry** even after the snacks.
나는 간식을 먹고 나서도 배가 고팠다.

1269 □ **thirsty**

형 목이 마른

I was **thirsty** while I was running.
나는 뛰는 동안 목이 말랐다.

1270 □ **tired**

형 지친, 피곤한

He was **tired** after a long walk.
그는 오랜 산책 후에 피곤했다.

1271 ☐ **sleepy**	형 졸린	

He felt **sleepy** and went to bed.
그는 졸려서 잠자리에 들었다.

1272 ☐ **exhausted**

형 지친, 기진맥진한

I was **exhausted** after the soccer game.
나는 축구 경기 후에 기진맥진했다.

1273 ☐ **frightened**

형 겁먹은, 무서워하는

I was too **frightened** to speak.
나는 너무 겁이 나서 말을 할 수가 없었다.

1274 ☐ **bored**

형 지루한, 심심한

We were **bored** watching the same movie.
우리는 같은 영화를 봐서 지루했다.

1275 ☐ **disappointed**

형 실망한

They were **disappointed** in the outcome.
그들은 결과에 실망했다.

1276 ☐ **jealous**

형 질투하는, 시샘하는

He is **jealous** of his brother's new bike.
그는 형의 새 자전거를 샘내고 있다.

1277 ☐ **puzzled**

형 어리둥절한, 당혹스러운

He had a **puzzled** look on his face.
그는 어리둥절한 표정을 지었다.

1278 ☐ **confused**

형 혼란스러운, 헷갈리는

We are **confused** about the location of
the event. 우리는 행사 장소가 헷갈린다.

1279 ☐ **horrible**

형 끔찍한, 무시무시한

Our baseball team made a **horrible** mistake.
우리 야구팀은 끔찍한 실수를 저질렀다.

1280 ☐ **indifferent**

형 무관심한

He is **indifferent** to other people's comments.
그는 다른 사람들의 논평에 무관심하다.

Adverbs & Conjunctions 부사와 접속사

01-05 06-10 11-15 16-20 21-25 26-30 31-35 36-40

◎ 알고 있는 단어는 □에 √표 한 후, 듣고 따라 하세요. **T65**

1281 □ **always**
부 항상, 언제나
I **always** brush my teeth before I go to bed.
나는 항상 자기 전에 이를 닦는다.

1282 □ **usually**
부 보통, 대개
We **usually** go to the library after school.
우리는 보통 방과 후에 도서관에 간다.

1283 □ **often**
부 자주, 종종, 흔히
He **often** comes to my house to play basketball.
그는 종종 농구하러 우리 집에 온다.

1284 □ **sometimes**
부 때때로, 가끔
We **sometimes** go shopping together.
우리는 가끔 함께 쇼핑하러 간다.

1285 □ **rarely**
부 드물게, 좀처럼 ~ 않는 ⊕ hardly, scarcely, seldom
Dad **rarely** comes home early on weekdays.
아빠는 평일에는 좀처럼 집에 일찍 오시지 않는다.

1286 □ **never**
부 절대로 ~ 않다, 한 번도 ~ 않다
My teacher is **never** late for school.
나의 선생님은 절대로 학교에 늦지 않으신다.

1287 □ **and**
접 그리고, ~와
I like pasta **and** pizza.
나는 파스타와 피자를 좋아한다.

1288 □ **but**
접 그러나, 하지만
I like soccer, **but** my sister likes tennis.
나는 축구를 좋아하지만, 내 여동생은 테니스를 좋아한다.

1289 □ **or**
접 또는, 혹은
You can call me **or** email me.
너는 나에게 전화를 하거나 이메일을 보내도 된다.

1290 □ **for**
접 왜냐하면
It must be spring, **for** flowers are blooming.
봄이 틀림없다, 왜냐하면 꽃들이 피고 있으니까.

1291 ☐ **so**

[접] 그래서

It was dark, **so** I turned on the light.
어두웠다, 그래서 나는 불을 켰다.

, SO...

1292 ☐ **and yet**

그럼에도 불구하고

He said he would be early, **and yet** he was late.
그는 일찍 오겠다고 말했음에도 불구하고 늦었다.

1293 ☐ **because**

[접] ~ 때문에, 왜냐하면

I took a break **because** I was tired.
나는 피곤했기 때문에 잠시 휴식을 취했다.

Why?

Because...

1294 ☐ **though**

[접] 비록 ~일지라도, ~이긴 하지만

He was happy **though** he didn't show his feelings.
그는 비록 감정을 드러내지는 않았지만 기뻤다.

1295 ☐ **if**

[접] (만약) ~라면   [반] unless 만약 ~이 아니면, ~하지 않는 한

I will be really happy **if** you can come.
만약 네가 올 수 있다면 나는 정말 기쁠 것이다.

1296 ☐ **as soon as**

~하자마자

I gave him a call **as soon as** I arrived.
나는 도착하자마자 그에게 전화했다.

1297 ☐ **both A and B**

A와 B 둘 다

Both Tom **and** Jake are my best friends.
Tom과 Jake 둘 다 나의 가장 친한 친구들이다.

1298 ☐ **either A or B**

A와 B 둘 중의 하나

Either Tom **or** John is going to help us.
Tom과 John 둘 중 한 명이 우리를 도와줄 것이다.

1299 ☐ **neither A nor B**

A와 B 둘 다 아닌

He **neither** ate **nor** slept for two days.
그는 이틀 동안 먹지도 자지도 않았다.

1300 ☐ **not only A but (also) B**

A뿐만 아니라 B도   = B as well as A

My new computer is **not only** fast **but also** light.
나의 새 컴퓨터는 빠를 뿐만 아니라 가볍기도 하다.

A 우리말과 일치하도록 빈칸에 알맞은 글자를 써넣어 단어를 완성하세요.

1 __es__l__   결과

2 __ab__ __   습관, 버릇

3 __a__l__   잘못, 단점

4 __f__e__   자주, 종종

5 re__ __n__   최근의

6 __en__r__l   일반적인

7 u__g__ __t   긴급한

8 si__i__ __r   비슷한, 닮은

9 __qu__p__ __nt   장비, 용품

10 t__o__g__   비록 ~일지라도

B 주어진 단어를 잘 보고, 품사가 다른 하나를 골라 동그라미 하세요.

1

| accident | custom | serious | method |

2

| opinion | important | foreign | available |

3

| special | necessary | information | precious |

4

| upset | nervous | exhausted | because |

5

| always | usually | and | never |

C 셀로판지를 사용하여 숨어 있는 단어를 모두 찾아 쓰세요.

td fact kdef value dkwhole noirs
aopwx scared efdkw confused pa
setofdiuw sometimes dkwwdkxy

_____   _____

_____   _____

_____   _____

D 빈칸에 주어진 글자로 시작하는 알맞은 단어를 써넣어 문장을 완성하세요.

1 I was a _____ from school yesterday.

나는 어제 학교에 결석했다.

2 Kim is a very c_____ last name.

김은 아주 흔한 성씨이다.

3 I have an a_____ with the dentist.

니는 치과 예약이 있다.

4 We divided the snacks into three e_____ shares.

우리는 간식을 3등분으로 똑같이 나누었다.

5 He n_____ ate n_____ slept for two days.

그는 이틀 동안 먹지도 자지도 않았다.

◎ 알고 있는 단어는 □에 ✓표 한 후, 듣고 따라 하세요.　**T66**

1301 □ **achieve**

동 이루다, 성취하다

I am practicing hard to **achieve** my goal.
나는 목표를 이루기 위해 열심히 연습하고 있다.

1302 □ **acquire**

동 습득하다, 얻다

I **acquire**d this information from the website.
나는 웹 사이트에서 이 정보를 얻었다.

1303 □ **adjust**

동 조정하다, 적응하다

We **adjust**ed the schedule to finish it in time.
우리는 그것을 제시간에 끝내려고 일정을 조정했다.

1304 □ **afford**

동 ~할 여유가 있다

He can't **afford** to buy a new car.
그는 새 차를 살 여유가 없다.

1305 □ **allow**

동 허락하다, 허용하다

My parents **allow**ed me to go to the concert.
나의 부모님은 내가 콘서트에 가는 걸 허락하셨다.

1306 □ **announce**

동 발표하다, 알리다

They **announce**d the winner of the competition.
그들은 대회 우승자를 발표했다.

1307 □ **anticipate**

동 예상하다, 예측하다

We don't **anticipate** any more delays.
우리는 더 이상 지연이 있을 거라고 예상하지 않는다.

1308 □ **argue**

동 언쟁을 하다, 다투다

I will not **argue** with you about this.
나는 이것에 대해 너와 언쟁하지 않을 것이다.

1309 □ **apply**

동 신청하다, 지원하다

I will **apply** for the swim team.
나는 수영팀에 지원할 것이다.

1310 □ **appreciate**

동 고마워하다, 진가를 알아보다

I **appreciate** your help with this.
네가 이것을 도와줘서 고맙다.

41·45 46·50 51·55 56·60 61·65 66·70 71·75 76·80

1311 ☐ **approach**

동 다가가다[오다], 접근하다

I **approach**ed the dog carefully.
나는 개에게 조심스럽게 다가갔다.

1312 ☐ **assume**

동 추측하다, 사실이라고 생각하다

I **assume**d she was coming to see me.
나는 그녀가 나를 보러 올 것이라고 추측했다.

1313 ☐ **attract**

동 마음을 끌다, 끌어모으다

The new theater **attract**s many people.
새 극장은 많은 사람들을 끌어모은다.

1314 ☐ **avoid**

동 피하다, 막다

I try to **avoid** fatty foods.
나는 기름진 음식들을 피하려고 노력한다.

1315 ☐ **bite**

동 물다 명 물기, 한 입 (베어 문 조각)

You should not **bite** your nails like that.
너는 그렇게 손톱을 물어뜯지 말아야 한다.

1316 ☐ **bring**

동 가져오다, 데려오다

Please **bring** a sweater with you.
스웨터를 가져오세요.

1317 ☐ **build**

동 짓다, 건축하다, 만들어 내다

Our school will **build** a new gym.
우리 학교는 새 체육관을 지을 것이다.

1318 ☐ **calculate**

동 계산하다

I **calculate**d how much it would cost.
나는 비용이 얼마가 들지 계산했다.

1319 ☐ **carry**

동 들고 있다, 나르다

Let me **carry** your bag for you.
내가 네 가방을 들어 줄게.

1320 ☐ **check**

동 확인하다, 살피다 명 확인, 점검, 계산서

Check your email before you send it.
그것을 보내기 전에 이메일을 확인해라.

DAY 67 — Verbs Ⅱ 동사 Ⅱ

01·05 · 06·10 · 11·15 · 16·20 · 21·25 · 26·30 · 31·35 · 36·40

◎ 알고 있는 단어는 □에 √표 한 후, 듣고 따라 하세요. T67

1321 □ climb
동 오르다, 올라가다
Be careful when you **climb** the ladders.
사다리를 올라갈 때 조심해라.

1322 □ communicate
동 의사소통을 하다
We can **communicate** by email.
우리는 이메일로 의사소통을 할 수 있다.

1323 □ compare
동 비교하다
I **compared** the two bicycles.
나는 그 자전거 두 대를 비교했다.

1324 □ compete
동 경쟁하다, 겨루다
The athletes are **competing** for the gold medal. 선수들이 금메달을 따려고 경쟁하고 있다.

1325 □ complain
동 불평하다, 항의하다
We **complain**ed that the test was too difficult.
우리는 시험이 너무 어렵다고 불평했다.

1326 □ confirm
동 확인해 주다, 확실하게 하다
Mom made a call to **confirm** our dinner reservation.
엄마는 저녁 식사 예약을 확인하려고 전화를 하셨다.

1327 □ consider
동 고려하다, ~라고 여기다
We should **consider** other options.
우리는 다른 선택 사항들도 고려해야 한다.

1328 □ contain
동 담고 있다, 포함하다
Oranges **contain** a lot of vitamin C.
오렌지는 비타민 C를 많이 포함하고 있다.

1329 □ continue
동 계속하다, 계속되다
If the rain **continue**s, we will cancel the picnic.
만약 비가 계속 오면, 우리는 소풍을 취소할 것이다.

1330 □ count
동 (수를) 세다, 계산하다
Can you **count** to ten before you start?
시작하기 전에 10까지 셀 수 있겠니?

41·45　46·50　51·55　56·60　61·65　66·70　71·75　76·80

1331 □ cover

[동] 가리다, 덮다　[명] 덮개, 표지

He **cover**ed his face with his hands.
그는 손으로 얼굴을 가렸다.

1332 □ create

[동] 창작하다, 창조하다

The singer wants to **create** his own music.
그 가수는 자신만의 음악을 창작하고 싶어한다.

1333 □ cry

[동] 울다, 외치다　[명] 울음, 고함

Don't **cry** over your low test score.
시험 점수가 낮다고 울지 마라.

1334 □ deliver

[동] 배달하다, 전달하다

I will **deliver** the letter myself.
내가 직접 편지를 전달할 것이다.

1335 □ deny

[동] 부인하다, 부정하다

The politician **denied** the rumor.
그 정치가는 소문을 부인했다.

1336 □ depart

[동] 떠나다, 출발하다

The train will **depart** in ten minutes.
기차는 10분 후에 출발할 것이다.

1337 □ depend

[동] 믿다, 의지하다

You can always **depend** on me.
너는 항상 나를 믿어도 된다.

1338 □ detect

[동] 감지하다, 발견하다

The device on the ceiling can **detect** a fire.
천장에 있는 그 장치는 화재를 감지할 수 있다.

1339 □ determine

[동] 결정하다

The judges **determine**d the winners.
심사위원들이 우승자들을 결정했다.

1340 □ discover

[동] 발견하다, 찾다

We **discover**ed a nice park near our house.
우리는 집 근처에서 멋진 공원을 발견했다.

◎ 알고 있는 단어는 □에 √표 한 후, 듣고 따라 하세요. **T68**

1341 □ **discuss**

동 논의하다, 토론하다

We **discuss**ed how to save energy.
우리는 에너지를 절약하는 방법에 대해 논의했다.

1342 □ **distribute**

동 나누어 주다, 분배하다

Who will **distribute** the worksheets?
누가 연습 문제지를 나누어 줄래?

1343 □ **divide**

동 나누다

Please **divide** into four groups.
네 그룹으로 나누세요.

1344 □ **drain**

동 (물을) 빼내다, 배수하다

Wash and **drain** the strawberries.
딸기를 씻은 다음 물기를 빼라.

1345 □ **dream**

동 꿈을 꾸다 명 꿈

I **dream** of being an actor when I grow up.
나는 자라서 배우가 되기를 꿈꾼다.

1346 □ **drip**

동 (액체가) 뚝뚝 떨어지다, 흐르다

Sweat **drip**ped down my face.
땀이 내 얼굴에서 뚝뚝 떨어졌다.

1347 □ **earn**

동 (돈을) 벌다

The baseball player **earn**s a lot of money.
그 야구 선수는 돈을 많이 번다.

1348 □ **embarrass**

동 당황스럽게 만들다, 곤란하게 하다

His rude questions **embarrass**ed me.
그의 무례한 질문이 나를 당황하게 했다.

1349 □ **emphasize**

동 강조하다

Mom **emphasize**s the importance of honesty.
엄마는 정직의 중요성을 강조하신다.

1350 □ **enable**

동 가능하게 하다

Computers **enable** us to work much faster.
컴퓨터는 우리가 훨씬 더 빨리 일하는 것을 가능케 한다.

41·45　46·50　51·55　56·60　61·65　66·70　71·75　76·80

1351 ☐ **engage**

동 참여시키다, 계약하다, 끌어들이다

My teacher always tries to **engage** us.
나의 선생님은 항상 우리를 참여시키기 위해 노력하신다.

1352 ☐ **enhance**

동 향상시키다, 높이다, 강화하다

Practicing will **enhance** our speaking abilities.
연습은 말하기 능력을 향상시킬 것이다.

1353 ☐ **ensure**

동 반드시 ～하게 하다, 확실하게 하다

Please **ensure** that the door is closed.
문이 닫혀 있는지 반드시 확인해 주세요.

1354 ☐ **exist**

동 존재하다

The webpage doesn't **exist**.
그 웹 페이지는 존재하지 않는다.

1355 ☐ **expect**

동 예상하다, 기대하다

I **expect** him to come alone.
나는 그가 혼자 올 것이라고 예상한다.

1356 ☐ **explore**

동 탐험하다, 조사하다

I want to **explore** more cultures.
나는 더 많은 문화들을 탐험하고 싶다.

1357 ☐ **extend**

동 연장하다, 확대하다

The teacher will **extend** the project deadline.
선생님은 프로젝트 마감일을 연장해 주실 것이다.

1358 ☐ **feel**

동 ～한 느낌[기분]이 들다, 느끼다　명 촉감, 감촉

You will **feel** great after a good night's sleep.
밤에 잘 자면 기분이 좋아질 것이다.

1359 ☐ **find**

동 찾다, 발견하다, 알아내다

I can't **find** a better way to solve the problem.
나는 그 문제를 해결하기 위한 더 좋은 방법을 찾을 수가 없다.

1360 ☐ **follow**

동 따라가다[오다], 따르다, 쫓다

We have to **follow** his lead.
우리는 그가 이끄는 대로 따라야 한다.

◎ 알고 있는 단어는 □에 √표 한 후, 듣고 따라 하세요.　T69

1361 □ **forget**

图 잊다, 잊어버리다

Don't **forget** to bring your umbrella.
잊지 말고 우산을 가져와라.

1362 □ **grow**

图 기르다, 재배하다, 성장하다

I want to **grow** potatoes in our backyard.
나는 우리 뒤뜰에 감자를 재배하고 싶다.

1363 □ **happen**

图 일어나다, 발생하다

What will **happen** if he is late again?
만약에 그가 또 늦으면 무슨 일이 생길까?

1364 □ **hear**

图 듣다, 들리다

I can't **hear** anything in this noisy room.
이 시끄러운 방에선 아무것도 안 들린다.

1365 □ **hide**

图 숨다, 감추다

Please **hide** behind the curtain.
커튼 뒤에 숨으세요.

1366 □ **hit**

图 치다, 때리다 图 치기, 명중, 인기 작품

He **hit** the button to print the essay.
그는 에세이를 프린트하려고 버튼을 눌렀다.

1367 □ **hold**

图 들고 있다, 잡고 있다, 잡다

Can you **hold** this book for me?
나 대신 이 책을 좀 들어 줄래?

1368 □ **hope**

图 바라다, 희망하다 图 희망, 기대

I **hope** the results will be good today.
나는 오늘 결과가 좋기를 바란다.

1369 □ **identify**

图 알아보다, 확인하다

Please **identify** yourself.
본인의 신원을 밝혀 주세요.

1370 □ **ignore**

图 무시하다, 모르는 체하다

We should not **ignore** these problems any more.
우리는 더 이상 이 문제들을 무시해서는 안 된다.

1371 □ imagine

동 상상하다

Can you **imagine** a world without computers? 컴퓨터가 없는 세상을 상상할 수 있니?

1372 □ improve

동 나아지다, 개선하다, 향상시키다

Your English will **improve** a lot with practice.
네 영어 실력은 연습으로 많이 나아질 것이다.

1373 □ indicate

동 가리키다, 나타내다, 보여 주다

The evidence **indicate**s that he is innocent.
그 증거는 그가 무죄임을 나타낸다.

1374 □ install

동 설치하다

Dad **install**ed a new program on my laptop. 아빠는 내 노트북에 새 프로그램을 설치하셨다.

1375 □ intend

동 의도하다

I didn't **intend** to ignore you.
내가 너를 무시할 의도는 아니었다.

1376 □ investigate

동 조사하다, 수사하다

The police are **investigating** who took the wallet. 경찰은 누가 지갑을 가져갔는지 조사 중이다.

1377 □ involve

동 포함하다, 관련시키다

Don't **involve** me in this matter.
이 일에 나를 관련시키지 마라.

1378 □ jump

동 뛰어오르다, 점프하다 명 뜀, 뛰어오름

My cat can **jump** up to the high shelf.
나의 고양이는 높은 선반까지 뛰어오를 수 있다.

1379 □ keep

동 간직하다, 유지하다

I will **keep** this photo album forever.
나는 이 사진첩을 영원히 간직할 것이다.

1380 □ lead

동 안내하다, 이끌다

I will **lead** you to the table.
제가 테이블까지 안내하겠습니다.

Verbs Ⅴ 동사 Ⅴ

◎ 알고 있는 단어는 □에 ✓표 한 후, 듣고 따라 하세요. T70

1381 □ **learn**
동 배우다, ~을 알게 되다
I want to **learn** Chinese this year.
나는 올해 중국어를 배우고 싶다.

1382 □ **leave**
동 떠나다, 출발하다, 두고 오다
What time do you **leave** Seoul for New York?
너는 몇 시에 서울에서 뉴욕으로 출발하니?

1383 □ **look**
동 보다, ~해 보이다
You **look** great in your new outfit.
너는 새 옷을 입으니 아주 멋져 보인다.

1384 □ **maintain**
동 유지하다, 지속하다
We have to **maintain** a healthy weight.
우리는 건강한 체중을 유지해야 한다.

1385 □ **manage**
동 해내다, 다루다, 관리하다
How can you **manage** all this work?
너는 이 모든 일을 어떻게 해내니?

1386 □ **measure**
동 측정하다, 재다
Let's **measure** the length of this screen.
이 화면의 길이를 재어 보자.

1387 □ **move**
동 움직이다, 옮기다, 이사하다 명 이동, 움직임
We have to **move** all these chairs to the gym.
우리는 이 의자들을 모두 체육관으로 옮겨야 한다.

1388 □ **multiply**
동 곱하다
We learned how to **multiply** and divide in class.
우리는 수업 시간에 곱하고 나누는 방법을 배웠다.

1389 □ **need**
동 필요로 하다 명 필요, 요구
Do you **need** any help with your homework?
숙제하는 데 도움이 필요하니?

1390 □ **negotiate**
동 협상하다
They are **negotiating** for a new contract.
그들은 새 계약을 위해 협상 중이다.

1391 ☐ **nod**

동 (고개를) 끄덕이다

Please **nod** if you like it.
그것이 마음에 들면 고개를 끄덕이세요.

1392 ☐ **notice**

동 ~을 알다, 알아채다 명 주목, 안내판, 공고문

I **notice**d the difference between the two.
나는 둘 사이의 차이점을 알았다.

1393 ☐ **obtain**

동 얻다, 입수하다, 획득하다

The museum **obtain**ed a piece of Monet's artwork.
그 박물관은 모네의 작품 한 점을 입수했다.

1394 ☐ **occur**

동 일어나다, 발생하다

Something unexpected **occur**red to him yesterday.
예상치 못했던 일이 어제 그에게 일어났다.

1395 ☐ **operate**

동 (기계를) 작동시키다, 조종하다

I learned to **operate** the new cell phone easily.
나는 새 휴대 전화 작동시키는 것을 쉽게 배웠다.

1396 ☐ **organize**

동 조직하다, 정리하다

You need to **organize** your drawer.
너는 서랍을 정리할 필요가 있다.

1397 ☐ **overcome**

동 극복하다

He **overcame** all the difficulties in his path.
그는 앞에 놓인 모든 어려움을 극복했다.

1398 ☐ **owe**

동 (돈을) 빚지다, 신세지다

He **owe**s me 100 dollars.
그는 나에게 100달러를 빚지고 있다.

1399 ☐ **participate**

동 참여하다, 참가하다

We will **participate** in the dance
competition. 우리는 춤 경연 대회에 참가할 것이다.

1400 ☐ **perform**

동 행하다, 공연하다

Our class will **perform** a musical this year.
우리 반은 올해 뮤지컬을 공연할 것이다.

A 주어진 철자를 바르게 나열하여 단어를 완성하세요.

1 d n e y _____ 2 x i s e t _____

3 a i v o d _____ 4 c u o c r _____

5 c e a r e t _____ 6 t i n o c e _____

7 x p e c e t _____ 8 i o g r n e _____

9 m a r e s u e _____ 10 f o r e p m r _____

B 빈칸에 알맞은 글자를 써넣어 단어를 완성한 후, 그 글자들로 이루어진 단어를 쓰세요.

1
```
    [ ] i t
g r [ ] w
d e [ ] a r t
c h [ ] c k
```
_____

2
```
a f [ ] o r d
    b [ ] t e
m a [ ] a g e
n o [ ]
```
_____

3
```
h i [ ] e
    d [ ] i p
c o v [ ] r
    e [ ] r n
j u [ ] p
```
_____

4
```
a l [ ] o w
o w [ ]
l e [ ] v e
    c [ ] y
c o u [ ] t
```
_____

정답
Ⓐ 1 deny 2 exist 3 avoid 4 occur 5 create 6 notice 7 expect 8 ignore 9 measure 10 perform
Ⓑ 1 h, o, p, e, hope 2 f, i, n, d, find 3 d, r, e, a, m, dream 4 l, e, a, r, n, learn

180 VOCA Hunter 예비중학편

C 셀로판지를 사용하여 숨어 있는 단어를 모두 찾아 쓰세요.

iltywhapproachzrwxgm
ndividevbcvhfimprov
operatevghwhgfty w
dfyghgndivide...compares

_____

_____

_____

_____

D 빈칸에 주어진 글자로 시작하는 알맞은 단어를 써넣어 문장을 완성하세요.

1 We should c _____ other options.

우리는 다른 선택 사항들도 고려해야 한다.

2 Don't f _____ to bring your umbrella.

잊지 말고 우산을 가져와라.

3 I n _____ d the difference between the two.

나는 둘 사이의 차이점을 알았다.

4 Who will d _____ the worksheets?

누가 연습 문제지를 나누어 줄래?

5 I am practicing hard to a _____ my goal.

나는 목표를 이루기 위해 열심히 연습하고 있다.

Verbs Ⅵ 동사 Ⅵ

01·05   06·10   11·15   16·20   21·25   26·30   31·35   36·40

◎ 알고 있는 단어는 □에 √표 한 후, 듣고 따라 하세요. ⌢T71⌢

1401 □ **possess**

동 지니다, 소유하다

He **possess**es a nice house at the beach.
그는 해변에 멋진 집을 소유하고 있다.

1402 □ **practice**

동 연습하다 명 실행, 연습

I **practice** piano for an hour every day.
나는 매일 한 시간씩 피아노를 연습한다.

1403 □ **prefer**

동 ~을 더 좋아하다, 선호하다

I **prefer** modern art over traditional art.
나는 전통 예술보다 현대 예술을 더 좋아한다.

1404 □ **prepare**

동 준비하다

He is **preparing** his report.
그는 보고서를 준비하고 있다.

1405 □ **pretend**

동 ~인 척하다, ~라고 가장하다

They **pretend** to play music.
그들은 음악을 연주하는 척한다.

1406 □ **prevent**

동 막다, 예방하다

The heavy rain **prevent**ed us from going out.
비가 많이 와서 우리는 밖으로 나가지 못했다.

1407 □ **produce**

동 생산하다, 만들어 내다

They **produce** 100 cars a day.
그들은 하루에 100대의 자동차를 생산한다.

1408 □ **promise**

동 약속하다

I **promise** that I will not tell anyone.
나는 아무에게도 말하지 않을 것을 약속한다.

1409 □ **prove**

동 입증하다, 증명하다

The evidence will **prove** him guilty.
그 증거는 그가 유죄임을 입증할 것이다.

1410 □ **provide**

동 제공하다, 주다

The new restaurant **provide**s the best service.
새 레스토랑은 최고의 서비스를 제공한다.

1411 ☐ **put**

동 놓다, 두다, 넣다

She **put** the keys on the table.
그녀는 탁자 위에 열쇠들을 두었다.

1412 ☐ **quit**

동 그만두다, 중지하다

She **quit** smoking last month.
그녀는 지난달에 담배를 끊었다.

1413 ☐ **raise**

동 들어올리다, 기르다

Raise your hand if you have a question.
질문이 있으면 손을 들어라.

1414 ☐ **reach**

동 도착하다, ~에 이르다

The bus will **reach** the terminal at five o'clock.
그 버스는 5시에 터미널에 도착할 것이다.

1415 ☐ **recommend**

동 추천하다

Can you **recommend** a good restaurant near here?
이 근처의 좋은 식당을 추천해 주겠니?

1416 ☐ **reduce**

동 줄이다, 낮추다

The store **reduce**d the price by 20 percent.
그 가게는 가격을 20퍼센트 낮췄다.

1417 ☐ **relate**

동 관련이 있다, 관련시키다

I can't **relate** the two projects to each other.
나는 두 프로젝트를 서로 관련시킬 수 없다.

1418 ☐ **relieve**

동 (고통 등을) 덜어주다, 완화하다

This medicine will **relieve** you of your headache.
이 약은 두통을 완화시켜 줄 것이다.

1419 ☐ **remain**

동 남아 있다, 여전히 ~이다

Only five minutes **remain** in the game.
그 경기는 딱 5분이 남았다.

1420 ☐ **remove**

동 제거하다, 치우다

I need to **remove** the stain from the shirt.
나는 셔츠의 얼룩을 제거할 필요가 있다.

Verbs Ⅶ 동사 Ⅶ

01-05　06-10　11-15　16-20　21-25　26-30　31-35　36-40

◎ 알고 있는 단어는 □에 √표 한 후, 듣고 따라 하세요.　T72

1421 □ **repair**

동 수리하다, 수선하다

He can **repair** shoes and bags.
그는 구두와 가방을 수선할 수 있다.

1422 □ **represent**

동 대표하다, 나타내다

He **represent**s Canada at the Olympics.
그는 올림픽에서 캐나다를 대표한다.

1423 □ **recognize**

동 알아보다, 인식하다, 인정하다

It didn't **recognize** him at first.
그것은 처음에 그를 인식하지 못했다.

1424 □ **require**

동 요구하다, 필요하다

All schools **require** P.E. classes.
모든 학교는 체육 수업이 필요하다.

1425 □ **reply**

동 대답하다, 답장을 보내다

She didn't **reply** to my email.
그녀는 내 이메일에 답하지 않았다.

1426 □ **realize**

동 깨닫다, 알아차리다

I **realize**d that I made a big mistake.
나는 내가 큰 실수를 했다는 것을 깨달았다.

1427 □ **react**

동 반응하다

I don't know how to **react**.
나는 어떻게 반응해야 할지 모르겠다.

1428 □ **say**

동 말하다

I just wanted to **say** thank you.
나는 그저 고맙다는 말을 하고 싶었다.

1429 □ **seem**

동 ～처럼 보이다, ～인 것 같다

You **seem** very relaxed these days.
너는 요즘 매우 편안해 보인다.

1430 □ **settle**

동 정착하다, 해결하다

My parents want to **settle** in the country.
나의 부모님은 시골에 정착하길 원하신다.

41·45　46·50　51·55　56·60　61·65　66·70　71·75　76·80

1431 ☐ **shake**

동 흔들다, 흔들리다

Please do not **shake** your head.
머리를 흔들지 마세요.

1432 ☐ **shut**

동 닫다

He **shut** the door after me.
그는 내가 들어온 후에 문을 닫았다.

1433 ☐ **speak**

동 이야기하다, 말하다

I can **speak** three languages.
나는 세 가지 언어를 말할 수 있다.

1434 ☐ **spell**

동 철자를 쓰다

How do you **spell** your last name?
너는 네 성의 철자를 어떻게 쓰니?

1435 ☐ **spend**

동 (시간·돈을) 쓰다, 들이다

He **spend**s most of his time reading.
그는 대부분의 시간을 독서하는데 보낸다.

1436 ☐ **solve**

동 해결하다, 풀다

I could easily **solve** these problems.
나는 이 문제들을 쉽게 풀 수 있었다.

1437 ☐ **suggest**

동 제안하다, 추천하다

I **suggest**ed he call her right away.
나는 그가 당장 그녀에게 전화할 것을 제안했다.

1438 ☐ **survive**

동 살아남다

He **survive**d the terrible car accident.
그는 끔찍한 자동차 사고에서 살아남았다.

1439 ☐ **support**

동 지지하다

I completely **support** his decision.
나는 그의 결정을 전적으로 지지한다.

1440 ☐ **suffer**

동 고생하다, 고통받다, 시달리다

Many people are **suffer**ing from heat this summer.
많은 사람들이 올 여름에 더위로 고생하고 있다.

◎ 알고 있는 단어는 □에 ✓표 한 후, 듣고 따라 하세요. **T73**

1441 □ **take**

동 가지고 가다, 데리고 가다, 받다

This bus will **take** you to the museum.
이 버스는 너를 박물관에 데려다 줄 것이다.

1442 □ **talk**

동 말하다, 이야기하다

I'm sorry, but I can't **talk** right now.
미안하지만, 나는 지금 말할 수 없다.

1443 □ **tease**

동 놀리다, 괴롭히다

You should not **tease** your friends.
너는 친구들을 놀리면 안 된다.

1444 □ **tell**

동 말하다, 알려 주다

I will **tell** you a secret.
나는 네게 비밀을 말해 줄 것이다.

1445 □ **think**

동 생각하다

I **think** you are right.
나는 네가 옳다고 생각한다.

1446 □ **throw**

동 던지다

Throw the ball to your dad.
아빠에게 공을 던져라.

1447 □ **translate**

동 옮기다, 번역하다

It will **translate** the dialogue for you.
그것은 네게 대화를 번역해 줄 것이다.

1448 □ **travel**

동 여행하다

She enjoys **travel**ing around Europe.
그녀는 유럽 여행하는 것을 즐긴다.

1449 □ **try**

동 노력하다, 시도하다

I will **try** again later.
나는 나중에 다시 시도할 것이다.

1450 □ **turn**

동 돌다, 돌리다 명 돌기, 차례

I **turn**ed to the left to see him.
나는 그를 보려고 왼쪽으로 돌았다.

1451 ☐ **understand**

동 이해하다, 알다

He **understand**s the idea now.
그는 이제 그 아이디어를 이해한다.

1452 ☐ **vary**

동 서로 다르다, 다양하게 하다

The prices **vary** in size.
가격은 크기에 따라 다르다.

1453 ☐ **wait**

동 기다리다

I will **wait** for you at the library.
나는 도서관에서 너를 기다릴 것이다.

1454 ☐ **walk**

동 걷다 명 걷기, 산책

She will **walk** to the mall with me.
그녀는 나와 함께 쇼핑몰에 걸어갈 것이다.

1455 ☐ **want**

동 원하다, ~하고 싶다

I **want** to learn a different instrument.
나는 다른 악기를 배우고 싶다.

1456 ☐ **wear**

동 입다

They should **wear** school uniforms.
그들은 교복을 입어야 한다.

1457 ☐ **wish**

동 원하다, 바라다 명 소망, 바람, 소원

I **wish** I could see the singer in person.
내가 그 가수를 직접 볼 수 있으면 좋을 텐데.

1458 ☐ **work**

동 일하다, 공부하다 명 일

I want to **work** in broadcasting when I grow up.
나는 자라서 방송계에서 일하고 싶다.

1459 ☐ **worry**

동 걱정하다 명 걱정

Don't **worry** about the cost.
비용에 대해서는 걱정하지 마라.

1460 ☐ **write**

동 글씨를 쓰다, 글을 쓰다

I need a pen to **write** with.
나는 쓸 펜이 필요하다.

Useful Expressions Ⅰ 숙어 Ⅰ

01·05　　06·10　　11·15　　16·20　　21·25　　26·30　　31·35　　36·40

◎ 알고 있는 숙어는 □에 √표 한 후, 듣고 따라 하세요. **T74**

1461 □ **according to**

~에 따르면

According to him, the movie was great.
그에 따르면 그 영화는 훌륭했다.

1462 □ **after all**

결국

It turned out she was right **after all**.
결국 그녀가 옳았음이 밝혀졌다.

1463 □ **at once**

곧, 즉시, 한꺼번에

You have to come **at once**.
너는 즉시 와야 한다.

1464 □ **at that time**

그때, 그 당시에　⑨ in those days

I didn't know her **at that time**.
나는 그 당시에 그녀를 몰랐다.

1465 □ **be afraid of**

~을 두려워하다

Don't **be afraid of** this roller coaster.
이 롤러코스터를 두려워하지 마라.

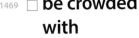

1466 □ **be anxious about**

~을 걱정하다

I **am anxious about** my uncle's health.
나는 삼촌의 건강이 걱정된다.

1467 □ **be anxious for**

~을 갈망하다, 간절히 바라다

We **are anxious for** their new album.
우리는 그들의 새 앨범을 간절히 바란다.

1468 □ **be covered with**

~로 덮여 있다

The trees **are covered with** frost.
나무들이 서리로 뒤덮여 있다.

1469 □ **be crowded with**

~로 붐비다

The shopping mall **is crowded with** people. 그 쇼핑몰은 사람들로 붐빈다.

1470 □ **be good at**

~을 잘하다, 능숙하다

I **am good at** swimming.
나는 수영을 잘한다.

1471 be good for

~에 좋다, 유익하다

Regular exercise **is good for** our health.
규칙적인 운동은 건강에 좋다.

1472 be late for

~에 늦다, 지각하다

Don't **be late for** class.
수업에 늦지 마라.

1473 be over

끝나다

The party **is over**.
파티는 끝났다.

1474 be poor at

~에 서투르다, ~을 못하다

He **is poor at** following directions.
그는 지시를 따르는데 서툴다.

1475 each other

서로서로

We should take care of **each other**.
우리는 서로서로 보살펴야 한다.

1476 for a while

잠시 동안

I want to take a break **for a while**.
나는 잠시 동안 쉬고 싶다.

1477 from now on

지금부터 계속

We will meet twice a week **from now on**.
우리는 지금부터 계속 일주일에 두 번 만날 것이다.

1478 on time

정시에

Can you please come **on time**?
정시에 와 주시겠어요?

1479 right away

즉시, 당장

I will help you **right away**.
나는 당장 너를 도울 것이다.

1480 think of

~을 생각하다, ~을 생각해 내다

Try to **think of** another gift for her.
그녀에게 줄 또 다른 선물을 생각해 보아라.

Useful Expressions Ⅱ 숙어 Ⅱ

01·05　06·10　11·15　16·20　21·25　26·30　31·35　36·40

◎ 알고 있는 숙어는 □에 √표 한 후, 듣고 따라 하세요.　T75

1481 □ **as a result**
결과적으로
He had financial problems **as a result** of losing his job.
그는 직장을 잃은 결과로 재정적인 문제를 겪었다.

1482 □ **at the same time**
동시에
He was laughing and crying **at the same time**.
그는 웃으면서 동시에 울고 있었다.

1483 □ **be divided into**
~로 나누어지다
The cake **is divided into** ten pieces.
그 케이크는 열 조각으로 나누어졌다.

1484 □ **be famous for**
~로 유명하다
Italy **is famous for** fashion.
이탈리아는 패션으로 유명하다.

1485 □ **be full of**
~로 가득 차다
The cart **is full of** groceries.
그 카트는 식료품으로 가득 차 있다.

1486 □ **be interested in**
~에 관심이[흥미가] 있다
I **am interested in** rap music.
나는 랩 음악에 관심이 있다.

1487 □ **be proud of**
~을 자랑스러워하다
He **is** very **proud of** his brother.
그는 남동생을 매우 자랑스러워한다.

1488 □ **be responsible for**
~에 책임이 있다
We **are responsible for** saving the Earth.
우리는 지구를 보호할 책임이 있다.

1489 □ **be short of**
~이 부족하다
We **are short of** time to meet the deadline.
우리는 마감 시간을 맞추기에 시간이 부족하다.

1490 □ **before long**
머지않아, 곧
My mom's birthday will arrive **before long**.
엄마의 생신이 곧 다가올 것이다.

41·45 46·50 51·55 56·60 61·65 66·70 71·75 76·80

1491 ☐ **hundreds of**

수백의

Hundreds of people came to the fair.
수백 명의 사람들이 박람회에 왔다.

1492 ☐ **in trouble**

곤경에 처한

We are **in** big **trouble**.
우리는 큰 곤경에 처해 있다.

1493 ☐ **instead of**

~ 대신에

I had soup and salad **instead of** a full meal.
나는 제대로 된 식사 대신에 수프와 샐러드를 먹었다.

1494 ☐ **many kinds of**

많은 종류의

You can borrow **many kinds of** books from the library.
너는 도서관에서 많은 종류의 책들을 빌릴 수 있다.

1495 ☐ **most of**

대부분의

Most of them did not want to be there.
그들 대부분은 그곳에 가고 싶지 않았다.

1496 ☐ **on the way (to)**

~로 가는 도중에

I met my friend **on the way to** the mall.
나는 쇼핑몰로 가는 도중에 친구를 만났다.

1497 ☐ **side by side**

나란히

We walked to the park **side by side**.
우리는 나란히 공원으로 걸어갔다.

1498 ☐ **thanks to**

~ 덕분에

We won the game **thanks to** you.
우리는 네 덕분에 경기에서 이겼다.

1499 ☐ **thousands of**

수천의 * millions of 수백만의

Thousands of people are buying the new cell phone.
수천 명의 사람들이 새 휴대 전화를 사고 있다.

1500 ☐ **would like to**

~하고 싶다 ⑨ want to

I **would like to** show you my new book.
나는 너에게 새 책을 보여 주고 싶다.

Review Test

A 주어진 철자를 바르게 나열하여 단어를 완성하세요.

1 q i t u _____

2 a y r v _____

3 e s a e t _____

4 r o v p e _____

5 r a p i r e _____

6 s f r u f e _____

7 p o r v i e d _____

8 r d u e c e _____

9 a r e i z e l _____

10 s o u p r p t _____

B 우리말과 일치하도록 빈칸에 알맞은 단어를 쓰세요.

1 _____ time
(정시에)

2 _____ away
(즉시, 당장)

3 be _____ at
(~에 서투르다)

4 be _____ of
(~이 부족하다)

5 _____ long
(머지않아, 곧)

6 in _____
(곤경에 처한)

7 _____ to
(~ 덕분에)

8 on the _____ (to)
(~로 가는 도중에)

C 셀로판지를 사용하여 숨어 있는 단어를 <u>모두</u> 찾아 쓰세요.

gbapreparepurqareachrtqespendp
ariqsuggestabrqeptrkthrowpeqbs
afgaerunderstandwdnwpeqrpikfsl

_____ _____

_____ _____

_____ _____

D 빈칸에 주어진 글자로 시작하는 알맞은 단어를 써넣어 문장을 완성하세요.

1 I don't know how to r_____.

나는 어떻게 반응해야 할지 모르겠다.

2 R_____ your hand if you have a question.

질문이 있으면 손을 들어라.

3 The heavy rain p_____ed us from going out.

비가 많이 와서 우리는 밖으로 나가지 못했다.

4 It turned out she was right a_____ a_____.

결국 그녀가 옳았음이 밝혀졌다.

5 Regular exercise is g_____ f_____ our health.

규칙적인 운동은 건강에 좋다.

Foreign Words I 외래어 I

01·05　06·10　11·15　16·20　21·25　26·30　31·35　36·40

◎ 알고 있는 단어는 □에 ✔표 한 후, 듣고 따라 하세요. T76

1501 □ **alcohol**　명 알코올, 술

My dad never drinks **alcohol**.
나의 아빠는 절대로 술을 드시지 않는다.

1502 □ **amateur**　명 아마추어, 비전문가　형 취미로 하는, 아마추어의

Jane is an **amateur** photographer.
Jane은 아마추어 사진작가이다.

1503 □ **ambulance**　명 앰뷸런스, 구급차

The **ambulance** is on the way.
앰뷸런스가 오고 있다.

1504 □ **arch**　명 아치, 곡선형 구조물

That building has **arch**-shaped windows.
저 건물은 아치 모양의 창문들이 있다.

1505 □ **bonus**　명 보너스, 상여금

The workers will get a Christmas **bonus**.
노동자들은 크리스마스 보너스를 받을 것이다.

1506 □ **cabinet**　명 캐비닛, 수납장

Please put this in the **cabinet**.
이것을 캐비닛에 넣어 주세요.

1507 □ **calcium**　명 칼슘

Calcium builds strong bones.
칼슘은 튼튼한 뼈를 만든다.

1508 □ **campaign**　명 캠페인, (조직적인) 운동

He started a **campaign** for the election.
그는 선거 캠페인을 시작했다.

1509 □ **campus**　명 캠퍼스, (대학교 등의) 교정

My school is famous for its beautiful
campus. 나의 학교는 아름다운 캠퍼스로 유명하다.

1510 □ **card**　명 카드,

I got a funny **card** from my cousin on my birthday.
나는 생일날에 사촌에게서 재미있는 카드를 받았다.

1511 □ **carol**

명 캐럴, 성탄 축하곡

Christmas **carol**s are playing on every street corner.
크리스마스 캐럴이 거리 모퉁이마다 울려 퍼지고 있다.

1512 □ **catalogue**

명 카탈로그, 목록, 상품 안내서

Why don't you order a sweater from this **catalogue**?
이 카탈로그에서 스웨터를 주문하지 그러니?

1513 □ **center**

명 센터, 중심, 한가운데

The sun is the **center** of the solar system.
태양은 태양계의 센터[중심]이다.

1514 □ **champion**

명 챔피언, 우승자

My soccer team was the league **champion** this year.
우리 축구팀이 올해 리그 챔피언이었다.

1515 □ **channel**

명 채널, 통신로

What's on **Channel** 11 now?
지금 채널 11에서는 뭐가 나오지?

1516 □ **chart**

명 차트, 도표

The doctor looked at the **chart**.
그 의사는 차트를 보았다.

1517 □ **comic**

형 코미디의, 웃기는, 익살맞은

He is a famous **comic** actor.
그는 유명한 코믹[희극] 배우이다.

1518 □ **course**

명 코스, 과정 * stay on course 매진하다

I stayed on **course** to reach my goal.
나는 목표에 도달하기 위해 매진했다.

1519 □ **court**

명 코트, 경기장, 법정

I met my friends at the basketball **court**.
나는 농구 코트에서 친구들을 만났다.

1520 □ **cream**

명 크림

My mom puts **cream** in her coffee.
나의 엄마는 커피에 크림을 넣으신다.

Foreign Words II 외래어 II

01·05 06·10 11·15 16·20 21·25 26·30 31·35 36·40

◎ 알고 있는 단어는 □에 ✓표 한 후, 듣고 따라 하세요. T77

1521 ☐ **data**

명 데이터, 자료

Our math teacher is analyzing the **data**.
우리 수학 선생님은 데이터를 분석하고 계신다.

1522 ☐ **diet**

명 다이어트, 식이 요법

My sister is on a **diet**.
나의 언니는 다이어트 중이다.

1523 ☐ **disc**

명 디스크, 음반

The **disc** was full of music files.
그 디스크는 음악 파일들로 가득 찼다.

1524 ☐ **drama**

명 드라마, 연극

I am in my school's **drama** club.
나는 우리 학교 드라마[연극] 동아리 소속이다.

1525 ☐ **drill**

명 드릴, 연습

We practiced soccer **drill**s in P.E. class.
우리는 체육 시간에 축구 연습을 했다.

1526 ☐ **echo**

명 에코, 메아리, 울림

We heard an **echo** in the tunnel.
우리는 터널에서 에코를 들었다.

1527 ☐ **elevator**

명 엘리베이터, 승강기

The **elevator** was too slow this morning.
엘리베이터가 오늘 아침에 너무 느렸다.

1528 ☐ **elite**

명 엘리트, 선택된 사람들, 최상류층 사람들

My sister started going to an **elite** school this year.
나의 언니는 올해 엘리트 학교에 다니기 시작했다.

1529 ☐ **essay**

명 에세이, 수필

The **essay** is due on Monday.
그 에세이는 월요일까지 제출해야 한다.

1530 ☐ **event**

명 이벤트, 행사

Our school's winter **event** will be fun.
우리 학교의 겨울 이벤트는 재미있을 것이다.

1531 ☐ **fashion**
명 패션, 의류업, 유행

I read a book about the history of **fashion**.
나는 패션의 역사에 관한 책을 읽었다.

1532 ☐ **feminist**
명 페미니스트, 남녀평등주의자

Ms. Baker is a strong **feminist**.
Baker 씨는 강한 페미니스트이다.

1533 ☐ **fence**
명 펜스, 울타리

The dog jumped over the **fence**.
개가 펜스[울타리]를 뛰어넘었다.

1534 ☐ **fiction**
명 픽션, 소설, 허구

I love to read science **fiction**.
나는 사이언스 픽션[공상과학소설] 읽기를 좋아한다.

1535 ☐ **film**
명 (카메라의) 필름, 영화

We watched a **film** at the theater.
우리는 극장에서 필름을[영화를] 보았다.

1536 ☐ **gallery**
명 갤러리, 미술관, 화랑

We went to the art **gallery** on the
weekend. 우리는 주말에 갤러리에 갔다.

1537 ☐ **gas**
명 가스, (자동차) 기름

My dad needs to get **gas** on the way to work.
나의 아빠는 출근길에 기름을 넣을 필요가 있으시다.

1538 ☐ **gown**
명 가운, 긴 겉옷, 정복

She looks wonderful in her evening **gown**.
그녀가 이브닝 가운을 입고 있으니 멋져 보인다.

1539 ☐ **graph**
명 그래프, 도표

Look at this bar **graph**.
이 막대그래프를 보아라.

1540 ☐ **guard**
명 가드, 경호원

Mr. Bond is her new body **guard**.
Bond 씨는 그녀의 새 보디가드이다.

◎ 알고 있는 단어는 □에 √표 한 후, 듣고 따라 하세요. **T78**

1541 □ **harmony**

명 하모니, 조화, 화합, 화음

The singers sang in perfect **harmony**.
그 가수들은 완벽한 하모니를 이루며 노래했다.

1542 □ **highlight**

명 하이라이트, 가장 중요한 부분 동 돋보이게 하다, 강조하다

This part is the **highlight** of the play.
이 파트가 연극의 하이라이트이다.

1543 □ **hint**

명 힌트, 암시

Can you give me a **hint** to solve this problem?
이 문제를 풀 힌트를 좀 주겠니?

1544 □ **hormone**

명 호르몬

This food has a lot of growth **hormone**s.
이 음식은 많은 성장 호르몬을 함유하고 있다.

1545 □ **image**

명 이미지

We looked at many **image**s in our photography class.
우리는 사진 수업에서 많은 이미지들을 보았다.

1546 □ **interior**

명 인테리어, 내부 형 내부의

I want to be an **interior** designer.
나는 인테리어 디자이너가 되고 싶다.

1547 □ **interview**

명 인터뷰, 면접, 회견

My uncle has a job **interview** tomorrow.
나의 삼촌은 내일 취업 인터뷰가 있다.

1548 □ **issue**

명 이슈, 쟁점, 논점

We discussed current **issue**s in our class.
우리는 수업 시간에 최근의 이슈에 대해 토론했다.

1549 □ **jazz**

명 재즈

I love to listen to **jazz** music on the radio.
나는 라디오에서 재즈 음악 듣는 것을 정말 좋아한다.

1550 □ **laser**

명 레이저

My teacher used a **laser** pointer for his presentation.
나의 선생님은 발표를 위해 레이저 포인터를 사용하셨다.

1551 ☐ **league**

명 (스포츠 경기의) 리그, 연합, 연맹

My team is first in the basketball **league**.
나의 팀이 농구 리그에서 선두다.

1552 ☐ **lobby**

명 로비, (현관) 홀

There is a fountain in the **lobby**.
로비에 분수가 있다.

1553 ☐ **magic**

명 매직, 마법, 마술 형 마법의, 마술의

We went to see a **magic** show yesterday.
우리는 어제 매직 쇼를 보러 갔다.

1554 ☐ **manual**

명 매뉴얼, 설명서

Please look at the **manual** for help.
도움이 필요하시면 그 매뉴얼을 보세요.

1555 ☐ **marathon**

명 마라톤

We cheered for the runners in the **marathon**.
우리는 마라톤 경기에서 선수들을 응원했다.

1556 ☐ **medal**

명 메달

My dream is to win an Olympic **medal**.
내 꿈은 올림픽 메달을 따는 것이다.

1557 ☐ **media**

명 미디어, 대중 매체

This news gathered a lot of attention from the **media**.
이 뉴스는 미디어[대중 매체]로부터 큰 관심을 받았다.

1558 ☐ **member**

명 멤버, 회원, 구성원

Are you a **member** of this club?
너는 이 클럽[동아리]의 멤버니?

1559 ☐ **menu**

명 메뉴, 식단표

We looked at the **menu** before ordering.
우리는 주문하기 전에 메뉴를 보았다.

1560 ☐ **message**

명 메시지, 전갈

Please leave a **message**.
메시지를 남겨 주세요.

Foreign Words Ⅳ 외래어 Ⅳ

◎ 알고 있는 단어는 □에 ✓표 한 후, 듣고 따라 하세요. T79

1561 □ **motor**

명 모터, 전동기

We had to fix the **motor** in our car.
우리는 차의 모터를 고쳐야 했다.

1562 □ **mystery**

명 미스터리, 수수께끼 같은 것

This is a complete **mystery** to me.
이것은 내게 완전히 미스터리이다.

1563 □ **okay**

형 오케이, 좋은, 괜찮은

It's **okay** to call me tonight.
오늘 밤에 나에게 전화해도 좋다.

1564 □ **opera**

명 오페라, 가극

He visited a beautiful **opera** house in Italy.
그는 이탈리아에서 아름다운 오페라 하우스를 방문했다.

1565 □ **page**

명 페이지, 쪽

Please turn to **page** 20.
20페이지를 펴세요.

1566 □ **parade**

명 퍼레이드, 행진

We have a fascinating **parade** on New Year's Day.
우리는 설날에 환상적인 퍼레이드를 한다.

1567 □ **partner**

명 파트너, 동료, 짝

He is such a great **partner** to work with.
그는 함께 일하기에 아주 훌륭한 파트너이다.

1568 □ **percent**

명 퍼센트

I am 50 **percent** sure that he can win.
나는 그가 이길 수 있다고 50퍼센트 확신한다.

1569 □ **plastic**

형 플라스틱으로 된 명 플라스틱

We can use **plastic** cups at the party.
우리는 파티에서 플라스틱 컵을 사용해도 된다.

1570 □ **program**

명 프로그램, (교육) 과정, 계획

My school provides an excellent after school **program**.
우리 학교는 훌륭한 방과 후 프로그램을 제공한다.

41·45　46·50　51·55　56·60　61·65　66·70　71·75　76·80

1571 ☐ **project**

몡 프로젝트, 연구 과제

We have to work on our science **project** this weekend.
우리는 이번 주말에 과학 프로젝트를 해야 한다.

1572 ☐ **quiz**

몡 퀴즈, 간단한 시험

Our class has a math **quiz** tomorrow.
우리 반은 내일 수학 퀴즈가 있다.

1573 ☐ **recreation**

몡 레크리에이션, 놀이, 오락

We like to play games for **recreation**.
우리는 레크리에이션[오락]으로 게임하기를 좋아한다.

1574 ☐ **rehearsal**

몡 리허설, 예행연습

We have many **rehearsal**s before the performance. 우리는 공연 전에 리허설을 많이 한다.

1575 ☐ **rugby**

몡 럭비

I want to join the **rugby** team next year.
나는 내년에 럭비 팀에 가입하고 싶다.

1576 ☐ **sample**

몡 샘플, 표본, 견본

This is a free **sample**.
이것은 무료 샘플이다.

1577 ☐ **sauce**

몡 소스

Can I have some chili **sauce**?
칠리소스를 좀 주실래요?

1578 ☐ **scenario**

몡 시나리오, 각본

We thought of lots of different **scenario**s before deciding.
우리는 결정하기 전에 많은 다양한 시나리오를 생각했다.

1579 ☐ **schedule**

몡 스케줄, 계획표, 일정

We have a very busy **schedule** this week.
우리는 이번 주에 스케줄이 매우 빡빡하다.

1580 ☐ **section**

몡 섹션, 부분, 구획

Our seats are in that **section**.
우리 자리는 저쪽 섹션에 있다.

Foreign Words Ⅴ 외래어 Ⅴ

01-05 06-10 11-15 16-20 21-25 26-30 31-35 36-40

◎ 알고 있는 단어는 □에 ✓표 한 후, 듣고 따라 하세요. T80

1581 □ **seminar**
명 세미나, 토론회, 연구회
We attended a **seminar** on the weekend.
우리는 주말에 세미나에 참석했다.

1582 □ **set**
명 세트, 한 벌, 무대 장치
She won three **set**s in the tennis game.
그녀는 테니스 경기에서 3세트를 이겼다.

1583 □ **sponsor**
명 스폰서, 후원자
Our school needs a **sponsor** for this event.
우리 학교는 이 행사를 위해 스폰서가 필요하다.

1584 □ **sport**
명 스포츠, 운동, 운동 경기
What's your favorite **sport**?
네가 매우 좋아하는 스포츠는 뭐니?

1585 □ **spy**
명 스파이, 간첩
The police are trying to catch a **spy**.
경찰은 스파이를 잡으려고 애쓰는 중이다.

1586 □ **staff**
명 스태프, 직원, 제작진
They have a **staff** of 20 at the event.
그들은 그 행사에 20명의 스태프가 있다.

1587 □ **stereo**
명 스테레오, 입체 음향 장치
He got a new **stereo** for Christmas.
그는 크리스마스를 위해 새 스테레오를 샀다.

1588 □ **studio**
명 스튜디오, 방송실, 녹음실
I was in the **studio** until nine o'clock.
나는 9시까지 스튜디오에 있었다.

1589 □ **style**
명 스타일, 방식
I don't like that writing **style**.
나는 저런 글쓰기 스타일이 마음에 안 든다.

1590 □ **tank**
명 탱크, 저장통
We need to fill our gas **tank**.
우리는 가스 탱크를 채울 필요가 있다.

1591 ☐ **team**

명 팀, 조, 편

We are on the same **team**.
우리는 같은 팀이다.

1592 ☐ **technique**

명 테크닉, 기법, 기교

I am trying a new **technique** when I swim.
나는 수영할 때 새로운 테크닉을 시도하고 있다.

1593 ☐ **technology**

명 테크놀로지, (과학) 기술

These days we see rapid changes in **technology**.
우리는 요즈음 테크놀로지[기술]의 급속한 변화들을 보고 있다.

1594 ☐ **terror**

명 테러, 공포, 두려움

They live with the threat of **terror**.
그들은 테러의 위협 속에서 살고 있다.

1595 ☐ **topic**

명 토픽, 화제, 주제

Bullying is the **topic** of the week.
왕따가 이번 주의 토픽[주제]이다.

1596 ☐ **track**

명 트랙, 경주로, 철도 선로

The cars race on the **track**.
자동차들이 트랙 위에서 경주를 한다.

1597 ☐ **veil**

명 베일, 면사포, 덮개, 장막

She wore a beautiful **veil** in the wedding.
그녀는 결혼식에서 아름다운 베일을 썼다.

1598 ☐ **villa**

명 빌라, 시골 저택, 별장

We stayed in a big **villa** for summer vacation. 우리는 여름 방학 동안 커다란 빌라에 머물렀다.

1599 ☐ **vision**

명 비전, 전망, 미래상, 시력, 관찰

You need to have a clear **vision** for your future.
너는 미래를 위해 분명한 비전을 가질 필요가 있다.

1600 ☐ **website**

명 웹 사이트

Please look at this **website** to find the answer.
답을 찾으려면 이 웹 사이트를 보세요.

A 우리말과 일치하도록 빈칸에 알맞은 글자를 써넣어 단어를 완성하세요.

1 __ha__t   차트, 도표

2 __e__i__   미디어, 대중 매체

3 f__s__io__   패션, 유행

4 fi__t__o__   픽션, 소설

5 __s__ __e   이슈, 쟁점

6 g__ __r__   가드, 경호원

7 g__l__e__y   갤러리, 미술관

8 __am__l__   샘플, 견본

9 __ar__on__   하모니, 조화

10 __amp__i__n   캠페인, (조직적인) 운동

B 빈칸에 알맞은 글자를 써넣어 단어를 완성한 후, 그 글자들로 이루어진 단어를 쓰세요.

1
```
c  a  r  [ ]
q  u  [ ] z
t  [ ] a  m
m  o  [ ] o  r
```
_____

2
```
e  c  [ ] o
e  l  [ ] t  e
b  o  [ ] u  s
c  e  n  [ ] e  r
```
_____

3
```
f  [ ] n  c  e
   [ ] e  i  l
o  p  [ ] r  a
m  e  [ ] u
   s  [ ] a  f  f
```
_____

4
```
e  s  [ ] a  y
d  a  [ ] a
s  p  [ ]
d  r  i  [ ] l
c  r  [ ] a  m
```
_____

C 셀로판지를 사용하여 숨어 있는 단어를 <u>모두</u> 찾아 쓰세요.

_____   _____

_____   _____

_____   _____

D 빈칸에 주어진 글자로 시작하는 알맞은 단어를 써넣어 문장을 완성하세요.

1 The a_____ is on the way.

앰뷸런스가 오고 있다.

2 What's on C_____ 11 now?

지금 채널 11에서는 뭐가 나오지?

3 This is a complete m_____ to me.

이것은 내게 완전히 미스터리이다.

4 Please look at the m_____ for help.

도움이 필요하시면 그 매뉴얼을 보세요.

5 Bullying is the t_____ of the week.

왕따가 이번 주의 토픽〔주제〕이다.

Phrasal Verbs
구동사

Phrasal Verbs 구동사

◎ 알고 있는 구동사는 □에 √표 한 후, 듣고 따라 하세요. 🎧 PV01

01 ☐ **break out**

발생하다, 일어나다

A fire **broke out** after the earthquake.
화재가 지진이 난 후에 발생했다.

02 ☐ **bring up**

양육하다, 기르다

Parents try their best to **bring up** their children well.
부모들은 자식들을 잘 키우기 위해 최선을 다한다.

03 ☐ **call for**

~을 필요로 하다, 요구하다

This project **calls for** your help.
이 프로젝트는 네 도움이 필요하다.

04 ☐ **call off**

~을 취소하다

The school **called off** the field trip because of the rain.
그 학교는 비 때문에 현장 학습을 취소했다.

05 ☐ **call up**

~에게 전화를 걸다 ⊕ hang up 전화를 끊다

Please **call** me **up** when you get there.
그곳에 도착하면 나에게 전화하세요.

06 ☐ **carry out**

수행하다, 실행하다

We **carried out** our plan successfully.
우리는 계획을 성공적으로 수행했다.

07 ☐ **check in**

(호텔, 공항에서) 투숙[탑승] 수속을 하다
⊕ check out (호텔 등에서) 계산하고 나오다

We will **check in** at the hotel first.
우리는 먼저 호텔에서 수속을 할 것이다.

08 ☐ **come along**

동행하다, 함께 오다

He will **come along** with us.
그는 우리와 함께 동행할 것이다.

09 ☐ **come true**

실현되다

Our dreams will **come true** if we work hard.
만약 우리가 열심히 일하면 우리의 꿈은 이루어질 것이다.

10 ☐ **consist of**

~로 구성되다

Our school orchestra **consists of** thirty students.
우리 학교의 오케스트라는 30명의 학생들로 구성되어 있다.

◎ 알고 있는 구동사는 □에 ✓표 한 후, 듣고 따라 하세요. 🎧 PV02

11 □ **count on**

믿다, 의지하다

You can always **count on** me.
너는 언제나 나에게 의지해도 된다.

12 □ **depend on**

~에 달려있다, 의존하다

He is a reliable person you can **depend on**.
그는 당신이 의지할 수 있는 믿을 만한 사람이다.

13 □ **do a favor**

부탁을 들어주다

Can you please **do** me **a favor**?
제 부탁을 들어주시겠어요?

14 □ **do one's best**

최선을 다하다

I will **do my best** to make it in time.
나는 그것을 제시간에 해내기 위해 최선을 다할 것이다.

15 □ **fill in**

(용지에) 기입하다, 작성하다, 채우다 ⑨ fill out

Please **fill in** the blanks.
빈칸을 채우세요.

16 □ **get along with**

~와 잘 지내다

I **get along with** all of my new classmates.
나는 새 반 친구들 모두와 잘 지낸다.

17 □ **get out of**

나가다, 벗어나다

You need to **get out of** there right now.
너는 지금 당장 그곳을 벗어날 필요가 있다.

18 □ **get over**

극복하다, 회복하다, 이겨내다

I hope you will **get over** your cold soon.
나는 네 감기가 곧 낫기를 바란다.

19 □ **get rid of**

제거하다, 없애다, 벗어나다

I will **get rid of** these old clothes.
나는 이 오래된 옷들을 없앨 것이다.

20 □ **get through**

이겨 나가다, 극복해 나가다

I can't **get through** this problem without your help.
나는 네 도움 없이는 이 문제를 극복해 낼 수 없다.

Phrasal Verbs 구동사

알고 있는 구동사는 □에 √표 한 후, 듣고 따라 하세요. 🎧 PV03

21 □ **get together**
모이다, 함께하다
We need to **get together** more often.
우리는 좀 더 자주 모일 필요가 있다.

22 □ **give away**
거저 주다, 기부하다
I decided to **give away** some of my old books.
나는 오래된 책들 중 몇 권을 기부하기로 결심했다.

23 □ **give in**
굴복하다, 항복하다
I thought you would never **give in**.
나는 네가 결코 굴복하지 않을 거라고 생각했다.

24 □ **go ahead**
계속하다, 시작하다
Please **go ahead** without me.
나 없이 계속하세요.

25 □ **go through**
겪다, 경험하다, 견디다
You will not **go through** this alone.
너 혼자 이 일을 겪는 건 아닐 것이다.

26 □ **go without**
~ 없이 지내다, 견디다
I can't **go without** my cell phone for a day.
나는 하루 동안 휴대전화 없이 지낼 수 없다.

27 □ **hand down**
물려주다
My grandma **hand**ed this necklace **down** to me.
할머니께서 나에게 이 목걸이를 물려주셨다.

28 □ **keep away from**
멀리하다, ~에 가까이하지 않다
Try to **keep away from** dangerous areas.
위험한 곳들을 멀리하도록 해라.

29 □ **keep on**
그대로 계속하다, 계속 나아가다, 유지하다
Keep on running until you get there.
그곳에 도착할 때까지 계속 달려라.

30 □ **keep one's promise**
약속을 지키다
I try to **keep my promise**s all the time.
나는 항상 약속을 지키려고 노력한다.

31 □ **live on**

~을 (주식으로) 먹고 살다

They **live on** rice in that country.
그 나라에서는 쌀을 주식으로 한다.

32 □ **look forward to**

~을 고대하다, 기대하다

I am **look**ing **forward to** seeing you soon.
나는 너를 곧 만나길 고대하고 있다.

33 □ **look into**

~을 조사하다, 주의 깊게 살펴보다

The police started to **look into** the problem.
경찰이 그 문제를 조사하기 시작했다.

34 □ **make a mistake**

실수하다

Be careful not to **make a mistake**.
실수를 하지 않도록 조심해라.

35 □ **make out**

이해하다, 알아보다

I cannot **make out** what you said.
나는 네가 말한 것을 이해할 수 없다.

36 □ **make up**

구성하다, 화장하다, 꾸미다, 조작하다

These players will **make up** the best team.
이 선수들은 최고의 팀을 구성할 것이다.

37 □ **make up one's mind**

결정하다, 결심하다

He **made up his mind** to make his dream come true.
그는 꿈을 실현시키기로 결심했다.

38 □ **put away**

치우다, 치워 버리다, 없애다

Please **put away** your umbrella.
당신의 우산을 치우세요.

39 □ **put down**

내려놓다

You can **put** your bag **down** right here.
너는 가방을 바로 이곳에 내려놓아도 된다.

40 □ **put off**

연기하다, 늦추다, 미루다

Don't **put off** until tomorrow what you can do today.
네가 오늘 할 수 있는 일을 내일로 미루지 마라.

Phrasal Verbs 구동사

◎ 알고 있는 구동사는 □에 √표 한 후, 듣고 따라 하세요. 🎧 PV05

41 □ **put out**

～을 끄다

The firefighters **put out** the fire right away.
소방관들이 즉시 불을 껐다.

42 □ **put up with**

～을 참다

I cannot **put up with** your rudeness.
나는 너의 무례함을 참을 수 없다.

43 □ **run out of**

～을 다 써버리다

We **ran out of** gas on the way.
우리는 도중에 기름이 떨어졌다.

44 □ **search for**

～을 찾다, 수색하다 ⑨ look for

I am **search**ing **for** my missing phone.
나는 잃어버린 전화기를 찾고 있다.

45 □ **take off**

이륙하다, (옷을) 벗다 ⑪ land 착륙하다, put on (옷을) 입다

The airplane **took off** an hour ago.
비행기가 한 시간 전에 이륙했다.

46 □ **take place**

일어나다, (행사 등이) 열리다

The film festival will **take place** in Busan.
그 영화제는 부산에서 열릴 것이다.

47 □ **turn down**

거절하다, (소리를) 낮추다

I **turn**ed **down** his invitation to the party.
나는 그의 파티 초대를 거절했다.

48 □ **turn off**

(전기, 수도 등을) 끄다, 잠그다 ⑪ turn on (전기, 수도 등을) 켜다, 틀다

Please **turn off** the lights when you leave.
나갈 때 불을 끄세요.

49 □ **turn over**

뒤집다

Turn the paper **over** when you are finished.
다 마치면 시험지를 뒤집어라.

50 □ **watch out**

조심하다 ⑨ look out

Watch out for cars when you cross the street.
길을 건널 때는 차들을 조심해라.

Irregular Verbs
불규칙변화동사

Irregular Verbs 불규칙변화동사

◎ A-B-C형: 원형, 과거형, 과거분사형의 형태가 모두 다른 동사 🔊 IV_ABC

원형	과거형	과거분사형	의미
be [am/are/is]	was/were	been	~이다, ~에 있다
begin	began	begun	시작하다
blow	blew	blown	불다
break	broke	broken	부수다, 깨뜨리다
choose	chose	chosen	고르다, 선택하다
do	did	done	하다
draw	drew	drawn	그리다, 당기다
drink	drank	drunk	마시다
drive	drove	driven	운전하다
eat	ate	eaten	먹다
fall	fell	fallen	떨어지다
fly	flew	flown	날다
forget	forgot	forgotten/forgot	잊다
get	got	gotten/got	얻다
give	gave	given	주다
go	went	gone	가다
grow	grew	grown	자라다, 성장하다
know	knew	known	알다
ride	rode	ridden	타다
ring	rang	rung	울리다, 전화를 걸다
see	saw	seen	보다
show	showed	shown/showed	보여 주다
sing	sang	sung	노래하다
speak	spoke	spoken	말하다
swim	swam	swum	수영하다
take	took	taken	받다, 가지고 가다
throw	threw	thrown	던지다
wake	woke	woken	(잠에서) 깨다, 일어나다
wear	wore	worn	입다
write	wrote	written	쓰다

A-B-B형: 과거형과 과거분사형의 형태가 같은 동사 ◀ ▶ IV_ABB

원형	과거형	과거분사형	의미
bring	brought	brought	가져오다, 데려오다
build	built	built	짓다, 건설하다
buy	bought	bought	사다, 구입하다
catch	caught	caught	잡다
feed	fed	fed	먹이를 주다
feel	felt	felt	느끼다
fight	fought	fought	싸우다
find	found	found	찾다, 발견하다
have	had	had	가지다, 먹다
hear	heard	heard	듣다
hold	held	held	잡다, 쥐다, 개최하다
keep	kept	kept	유지하다
leave	left	left	떠나다
lend	lent	lent	빌려주다
lose	lost	lost	잃다, 지다
make	made	made	만들다
meet	met	met	만나다
pay	paid	paid	지불하다
say	said	said	말하다
sell	sold	sold	팔다
send	sent	sent	보내다
sit	sat	sat	앉다
sleep	slept	slept	잠자다
spend	spent	spent	(시간, 돈 등을) 쓰다
stand	stood	stood	일어서다
teach	taught	taught	가르치다
tell	told	told	말하다
think	thought	thought	생각하다
understand	understood	understood	이해하다
win	won	won	이기다

Irregular Verbs 불규칙변화동사

◎ A − A − A형: 원형, 과거형, 과거분사형의 형태가 모두 같은 동사 🎧 IV_AAA

원형	과거형	과거분사형	의미
cost	cost	cost	비용이 들다
cut	cut	cut	자르다
hit	hit	hit	치다
hurt	hurt	hurt	다치다, 아프게 하다
let	let	let	~하게 하다
put	put	put	두다, 놓다
quit	quit	quit	그만두다
read	read	read	읽다
set	set	set	놓다, 차리다
shut	shut	shut	닫다

◎ A − B − A형: 원형과 과거분사형의 형태가 같은 동사 🎧 IV_ABA

원형	과거형	과거분사형	의미
become	became	become	~이 되다
come	came	come	오다
run	ran	run	달리다

Daily Check-Up
일일단어확인

Day 01

DATE _____

SCORE _____ / 20

01	son
02	husband
03	sibling
04	aunt
05	cousin
06	grandfather
07	grandchild
08	stepfather
09	older brother
10	parents
11	딸
12	아내
13	남동생
14	삼촌
15	친척
16	조부모
17	할머니
18	손자
19	손녀
20	시아버지, 장인

Day 02

DATE _____

SCORE _____ / 20

01	child
02	woman
03	gentleman
04	Mr.
05	people
06	stranger
07	listener
08	customer
09	buyer
10	teenager
11	어른, 성인
12	(성인) 남자
13	숙녀, 여성
14	(여자의 성 앞) ~ 씨, ~ 님
15	사람, 개인
16	이웃 사람
17	말하는 사람, 발표자
18	의뢰인, 고객
19	관객, 청중
20	승객

Day 03

DATE _____

SCORE _____ / 20

01 tall

02 pretty

03 heavy

04 overweight

05 slim

06 muscular

07 curly

08 elegant

09 wrinkle

10 mustache

11 귀여운

12 아름다운, 멋진

13 잘생긴

14 통통한

15 보통 체격

16 깡마른, 비쩍 여윈

17 곧은, 직모의

18 금발의

19 매력적인

20 흉터

Day 04

DATE _____

SCORE _____ / 20

01 kind

02 smart

03 clever

04 foolish

05 shy

06 humorous

07 careful

08 passionate

09 energetic

10 friendly

11 정직한

12 현명한, 지혜로운

13 이기적인

14 용감한

15 쾌활한, 명랑한

16 웃기는, 재미있는

17 궁금한, 호기심이 많은

18 창의적인, 창의력이 있는

19 무례한, 예의 없는

20 못된, 심술궂은

영어는 우리말로, 우리말은 영어로 쓰세요.

Day 05

DATE _____

SCORE _____ / 20

01 nice

02 lazy

03 stupid

04 critical

05 caring

06 outgoing

07 ambitious

08 reliable

09 responsible

10 positive

11 공손한, 예의 바른

12 다정한, 친절한

13 어리석은, 우스꽝스러운

14 수다스러운

15 느긋한, 마음이 편한

16 사교적인, 어울리기 좋아하는

17 상상력이 풍부한

18 똑똑한, 지적인

19 공격적인

20 낙관적인, 낙천적인

Day 06

DATE _____

SCORE _____ / 20

01 teacher

02 singer

03 baker

04 lawyer

05 pianist

06 dentist

07 firefighter

08 reporter

09 hairdresser

10 plumber

11 농부

12 기사, 운전사

13 무용수

14 작가

15 과학자

16 디자이너

17 기술자, 엔지니어

18 경찰관

19 사진작가

20 청소부

영어는 우리말로, 우리말은 영어로 쓰세요.

Day 07

DATE _____

SCORE _____ / 20

01	pilot
02	doctor
03	actor
04	priest
05	sailor
06	carpenter
07	professor
08	technician
09	accountant
10	bank teller
11	요리사
12	수의사
13	간호사
14	음악가
15	판사
16	군인
17	사업가
18	판매원
19	우주 비행사
20	비행기 승무원

Day 08

DATE _____

SCORE _____ / 20

01	cough
02	sore
03	stuffy
04	toothache
05	pain
06	hurt
07	broken
08	bruise
09	scratch
10	wound
11	아픈, 병든
12	건강한
13	열
14	약, 의학
15	부상
16	복통, 배가 아픔
17	두통, 머리가 아픔
18	베인 상처; 자르다
19	삐다, 접지르다
20	(콧물, 눈물이) 흐르는

Day 09	DATE		Day 10	DATE	
	SCORE	/ 20		SCORE	/ 20

01	ill		01	lunch	
02	terrible		02	eat	
03	awful		03	dinner	
04	flu		04	shower	
05	itchy		05	brush	
06	nauseous		06	study	
07	cure		07	vacuum	
08	shot		08	send	
09	pill		09	call	
10	heart attack		10	get up	
11	질병, 병		11	아침 식사	
12	암		12	마시다; 음료	
13	감염		13	잠자다	
14	바이러스		14	씻다	
15	발진		15	보다, 지켜보다	
16	토하다		16	돕다; 도움	
17	치료, 처치		17	청소하다; 깨끗한	
18	붕대		18	이메일	
19	진통제		19	문자 메시지	
20	수술		20	받다	

Day

DATE _____

SCORE _____ / 20

01	kitchen
02	bedroom
03	door
04	gate
05	floor
06	stairs
07	attic
08	garden
09	basement
10	dining room
11	집, 주택
12	거실
13	욕실
14	세탁실
15	창문
16	천장
17	벽, 담
18	지붕
19	차고, 주차장
20	굴뚝

Day

DATE _____

SCORE _____ / 20

01	taste
02	sour
03	spicy
04	crispy
05	crunchy
06	bland
07	fry
08	beef
09	chicken
10	fish
11	짠, 소금이 든
12	맛이 쓴
13	단, 달콤한; 단 것
14	기름진
15	즙이 많은
16	아주 맛있는
17	연한, 부드러운
18	끓다, 끓이다
19	찌다, 쪄내다
20	돼지고기

Day 13

DATE _____

SCORE _____ / 20

01	pizza
02	curry
03	sushi
04	fondue
05	kebab
06	crab
07	rice
08	ramen
09	cutlet
10	ripe
11	햄버거
12	스파게티
13	국수, 면
14	만두
15	새우
16	조개
17	수프, 국
18	스테이크
19	(고기를) 살짝 익힌
20	(음식, 고기를) 완전히 익힌

Day 14

DATE _____

SCORE _____ / 20

01	cake
02	cheese
03	jam
04	salt
05	mustard
06	lemonade
07	beverage
08	organic
09	nutritious
10	soy sauce
11	우유
12	빵
13	시리얼
14	버터
15	후추
16	간식
17	아이스크림
18	청량음료
19	포리지, 죽
20	냉동된, 얼린

Day 15

DATE _____

SCORE _____ / 20

01 clothes

02 dress

03 shirt

04 sweater

05 cap

06 socks

07 sandals

08 scarf

09 belt

10 sportswear

11 외투, 코트

12 재킷, 상의

13 바지

14 치마, 스커트

15 장갑

16 구두, 신발

17 운동화

18 조끼

19 속옷

20 제복, 유니폼

Day 16

DATE _____

SCORE _____ / 20

01 sofa

02 magazine

03 album

04 radio

05 picture

06 plant

07 fireplace

08 cushion

09 air conditioner

10 picture frame

11 안락의자

12 탁자, 테이블

13 텔레비전

14 선풍기, 부채

15 리모컨

16 전등 스위치

17 꽃병

18 어항, 수조

19 담요

20 카펫, 양탄자

Day 17

DATE _____

SCORE _____ / 20

01 doll

02 clock

03 rocket

04 closet

05 bed

06 chair

07 lamp

08 bookcase

09 rack

10 teddy bear

11 장난감

12 로봇

13 서랍

14 책상

15 컴퓨터

16 옷걸이

17 배낭

18 베개

19 커튼

20 쓰레기통

Day 18

DATE _____

SCORE _____ / 20

01 cup

02 glass

03 bowl

04 fork

05 knife

06 scoop

07 stove

08 microwave

09 frying pan

10 coffee machine

11 접시, 요리

12 숟가락

13 젓가락

14 쟁반

15 오븐

16 냄비, 솥

17 찻주전자

18 냉장고

19 믹서, 분쇄기

20 토스터, 빵 굽는 기구

Day 19

DATE _____

SCORE _____ / 20

01	soap
02	toothbrush
03	conditioner
04	razor
05	mirror
06	tap
07	sink
08	toilet
09	shower gel
10	body lotion
11	치약
12	샴푸
13	면봉
14	빗; 빗다
15	저울, 체중계
16	수건
17	욕조
18	헤어드라이어
19	(화장실용) 화장지
20	욕실용 매트

Day 20

DATE _____

SCORE _____ / 20

01	buy
02	choose
03	return
04	gift
05	money
06	cash
07	bill
08	store
09	discount
10	department store
11	팔다, 팔리다
12	(돈을) 내다, 지불하다
13	교환하다
14	환불; 환불하다
15	값, 가격
16	동전
17	신용 카드
18	시장
19	판매, 세일, 할인 판매
20	구입, 구매; 구입하다

Day 21

DATE _____

SCORE _____ / 20

01	class	
02	break	
03	textbook	
04	math	
05	history	
06	art	
07	ethics	
08	physics	
09	biology	
10	home economics	
11	숙제	
12	시험	
13	교육	
14	과학	
15	사회	
16	음악	
17	체육	
18	한문	
19	지리학	
20	화학	

Day 22

DATE _____

SCORE _____ / 20

01	like	
02	true	
03	play	
04	share	
05	group	
06	classmate	
07	nickname	
08	greet	
09	bully	
10	laugh	
11	친구, 벗	
12	가까운	
13	함께, 같이	
14	가입하다, 참가하다	
15	우정, 교우 관계	
16	비밀	
17	소개하다	
18	잡담; 수다를 떨다	
19	싸움; 싸우다	
20	미소; 웃다	

Day 23

DATE _____

SCORE _____ / 20

01 pen

02 ruler

03 clip

04 sharpener

05 marker

06 stapler

07 notebook

08 crayon

09 paintbrush

10 mechanical pencil

11 연필

12 지우개

13 필통

14 가위

15 풀, 접착제

16 나침반, 컴퍼스

17 종이

18 스케치북

19 그림물감

20 계산기

Day 24

DATE _____

SCORE _____ / 20

01 baseball

02 volleyball

03 tennis

04 Ping-Pong

05 taekwondo

06 hockey

07 skating

08 climbing

09 player

10 martial arts

11 축구

12 농구

13 배드민턴

14 골프

15 유도

16 양궁, 활쏘기

17 권투, 복싱

18 스키 (타기)

19 수영

20 운동하다; 운동

Day 25

DATE _____

SCORE _____ / 20

01	piano
02	cello
03	drum
04	recorder
05	ukulele
06	bat
07	racket
08	swing
09	snowboard
10	tennis court
11	바이올린
12	기타
13	플루트
14	트럼펫
15	공
16	줄넘기를 하다; 줄넘기
17	축구장
18	수영장
19	시소
20	미끄럼틀

Day 26

DATE _____

SCORE _____ / 20

01	today
02	morning
03	afternoon
04	noon
05	sunrise
06	now
07	past
08	minute
09	day
10	week
11	어제, 과거
12	내일, 미래
13	저녁
14	밤, 야간
15	현재
16	미래, 장래
17	시간, 한 시간
18	날짜
19	해, 연도, 1년
20	세기, 100년

영어는 우리말로, 우리말은 영어로 쓰세요.

Day 27

DATE _____

SCORE _____ / 20

01	spring
02	autumn
03	warm
04	cool
05	freezing
06	favorite
07	flower
08	leaf
09	snowman
10	busy season
11	계절
12	여름
13	겨울
14	날씨
15	더운
16	추운
17	서리, 성에
18	꽃이 피다, 꽃을 피우다
19	떨어지다
20	비수기

Day 28

DATE _____

SCORE _____ / 20

01	Sunday
02	Tuesday
03	Friday
04	February
05	March
06	June
07	September
08	October
09	December
10	month
11	월요일
12	수요일
13	목요일
14	토요일
15	1월
16	4월
17	5월
18	7월
19	8월
20	11월

Day 29

DATE _____

SCORE _____ / 20

01 birthday

02 festival

03 anniversary

04 housewarming

05 celebrate

06 Halloween

07 Parents' Day

08 Buddha's Birthday

09 Valentine's Day

10 Lunar New Year's Day

11 휴가, 공휴일

12 현장 학습

13 졸업, 졸업식

14 축하 (인사)

15 새해 첫날, 설날

16 부활절

17 어린이날

18 스승의 날

19 추수 감사절

20 크리스마스, 성탄절

Day 30

DATE _____

SCORE _____ / 20

01 hike

02 shop

03 game

04 cartoon

05 listen

06 draw

07 relax

08 read

09 ride

10 free time

11 취미

12 야영하다

13 활동

14 영화

15 만화책

16 재미, 즐거움

17 즐기다

18 모으다, 수집하다

19 춤추다; 춤

20 뜨개질하다

영어는 우리말로, 우리말은 영어로 쓰세요.

Day 31

DATE _____

SCORE _____ / 20

01	country
02	city
03	office
04	church
05	street
06	apartment
07	airport
08	subway station
09	police station
10	convenience store
11	농장
12	건물
13	공장
14	호텔
15	시내에; 번화가의
16	(차가 다니는) 도로
17	버스 정류장
18	주유소
19	소방서
20	우체국

Day 32

DATE _____

SCORE _____ / 20

01	bakery
02	museum
03	bookstore
04	bank
05	drugstore
06	hospital
07	café
08	beauty salon
09	amusement park
10	stationery store
11	학교
12	식당, 음식점
13	도서관
14	영화관, 극장
15	약국, 조제실
16	공원
17	동물원
18	꽃 가게
19	빨래방
20	노점상

영어는 우리말로, 우리말은 영어로 쓰세요.

Day 33

DATE _____

SCORE _____ / 20

01 in

02 on

03 above

04 by

05 across

06 from

07 up

08 down

09 next to

10 at the back of

11 ~ 아래에, ~ 밑에

12 (둘) 사이에

13 ~의 앞에

14 뒤에

15 ~의 중앙에, 한가운데에

16 ~의 주위에, 둘레에

17 ~ 안으로

18 ~의 밖으로

19 위층에, 2층에

20 아래층에

Day 34

DATE _____

SCORE _____ / 20

01 Australia

02 Canada

03 England

04 Germany

05 Italy

06 Korea

07 Mexico

08 Vietnam

09 New Zealand

10 the Philippines

11 미국

12 브라질

13 중국

14 프랑스

15 인도

16 일본

17 러시아

18 스페인

19 태국

20 사우디아라비아

Day 35

DATE _____

SCORE _____ / 20

01	Australian
02	Brazilian
03	Chinese
04	English
05	French
06	Indian
07	Japanese
08	Russian
09	Swiss
10	Vietnamese
11	미국 사람
12	캐나다 사람
13	필리핀 사람, 필리핀어
14	독일 사람, 독일어
15	그리스 사람, 그리스어
16	이탈리아 사람, 이탈리아어
17	한국 사람, 한국어
18	멕시코 사람
19	스페인 사람, 스페인어
20	타이 사람, 타이어

Day 36

DATE _____

SCORE _____ / 20

01	hen
02	goose
03	pig
04	bull
05	goat
06	donkey
07	puppy
08	duckling
09	lamb
10	foal
11	오리
12	토끼
13	젖소, 암소
14	양
15	말
16	칠면조
17	새끼 고양이
18	병아리
19	송아지
20	새끼 돼지

Day 37

DATE _____

SCORE _____ / 20

01 lion

02 monkey

03 fox

04 deer

05 giraffe

06 cheetah

07 gorilla

08 camel

09 alligator

10 peacock

11 호랑이

12 곰

13 늑대

14 코끼리

15 얼룩말

16 하마

17 표범

18 판다

19 캥거루

20 뱀

Day 38

DATE _____

SCORE _____ / 20

01 bird

02 owl

03 seagull

04 turtle

05 dolphin

06 ant

07 ladybug

08 butterfly

09 cricket

10 fly

11 독수리

12 앵무새

13 펭귄

14 상어

15 고래

16 문어

17 벌

18 잠자리

19 거미

20 모기

Day 39

DATE _____

SCORE _____ / 20

01	banana
02	peach
03	grapes
04	tangerine
05	lemon
06	cherry
07	avocado
08	walnut
09	persimmon
10	watermelon
11	사과
12	배
13	오렌지
14	키위
15	딸기
16	망고
17	파인애플
18	땅콩
19	아몬드
20	밤, 밤나무

Day 40

DATE _____

SCORE _____ / 20

01	potato
02	onion
03	lettuce
04	turnip
05	cucumber
06	tomato
07	garlic
08	bean
09	bell pepper
10	Chinese cabbage
11	고구마
12	파
13	양배추
14	시금치
15	브로콜리
16	당근
17	가지
18	호박
19	버섯
20	콩나물, 숙주

Day 41

DATE _____

SCORE _____ / 20

01	cloudy
02	chilly
03	muggy
04	clear
05	damp
06	monsoon
07	lightning
08	typhoon
09	volcano
10	rainbow
11	안개가 낀
12	바람이 많이 부는
13	폭풍우가 몰아치는
14	몹시 뜨거운, 맹렬한
15	습한, 습기 있는
16	장마철, 우기
17	천둥
18	지진
19	쓰나미, 해일
20	일기 예보

Day 42

DATE _____

SCORE _____ / 20

01	show
02	painting
03	artwork
04	performance
05	famous
06	classical
07	global
08	cultural
09	tradition
10	exhibit
11	연주회, 콘서트
12	뮤지컬
13	사진
14	인기 있는, 대중적인
15	민속의, 민요의
16	문화
17	전통의, 전통적인
18	전시하다, 진열하다
19	전시, 전시회
20	박람회

Day 43

DATE _____

SCORE _____ / 20

01	climate
02	disaster
03	flood
04	harm
05	destroy
06	save
07	recycle
08	fertilizer
09	protect
10	water pollution
11	에너지
12	환경
13	대기 오염
14	쓰레기
15	온실
16	가뭄
17	지구 온난화
18	어지럽히다, (쓰레기를) 버리다
19	낭비하다
20	위험에 처한, 멸종 위기에 처한

Day 44

DATE _____

SCORE _____ / 20

01	eleven
02	fourteen
03	sixteen
04	eighteen
05	twenty
06	forty
07	sixty
08	eighty
09	hundred
10	million
11	열둘의; 열둘
12	열셋의; 열셋
13	열다섯의; 열다섯
14	열입곱의; 열입곱
15	열아홉의; 열아홉
16	서른의; 서른
17	쉰의; 쉰
18	일흔의; 일흔
19	아흔의; 아흔
20	1천의; 1천

Day 45

DATE _____

SCORE _____ / 20

01 first

02 fourth

03 sixth

04 seventh

05 tenth

06 dollar

07 yen

08 nickel

09 dime

10 quarter

11 둘째의, 두 번째의

12 셋째의, 세 번째의

13 다섯째의, 다섯 번째의

14 여덟째의, 여덟 번째의

15 아홉째의, 아홉 번째의

16 열한 번째의

17 열두 번째의

18 파운드

19 유로

20 센트

Day 46

DATE _____

SCORE _____ / 20

01 dessert

02 beside

03 arm

04 merry

05 breathe

06 quality

07 complement

08 except

09 experiment

10 thorough

11 사막

12 ~ 외에; 게다가

13 무기

14 ~와 결혼하다

15 숨, 호흡

16 양, 수량

17 칭찬; 칭찬하다

18 받아들이다, 수락하다

19 경험하다; 경험

20 ~을 통하여; 지나

Day 47

DATE _____

SCORE _____ / 20

01 manner

02 die

03 lose

04 quite

05 steel

06 principal

07 badly

08 highly

09 late

10 nearly

11 예의, 예절

12 염색하다

13 느슨한, 풀린

14 조용한

15 훔치다, 도둑질하다

16 원리, 원칙

17 나쁜

18 높은

19 최근에

20 ~에서 가까이

Day 48

DATE _____

SCORE _____ / 20

01 bright

02 light

03 too

04 mouth

05 content

06 iron

07 foot

08 last

09 order

10 suit

11 책; 예약하다

12 바꾸다; 잔돈

13 주요한; 전공하다

14 좋은, 훌륭한; 벌금

15 열쇠, 비결

16 눕다, 거짓말하다

17 고치다, 고정시키다

18 활; 절하다, 인사하다

19 나뭇가지, 지점, 분점

20 우물; 잘, 훌륭하게

Day 49

DATE _____

SCORE _____ / 20

01	meaningful
02	power
03	home
04	use
05	mess
06	dirty
07	criminal
08	emotion
09	danger
10	poisonous
11	뜻, 의미
12	강력한, 영향력 있는
13	집 없는, 노숙자의
14	쓸모없는
15	지저분한, 엉망인
16	먼지, 흙
17	범죄
18	감정의, 정서의
19	위험한
20	독, 독약

Day 50

DATE _____

SCORE _____ / 20

01	appearance
02	remember
03	decision
04	explain
05	description
06	develop
07	know
08	arrival
09	success
10	believe
11	나타나다, 생기다
12	기억, 추억, 기념
13	결정하다
14	설명
15	말하다, 묘사하다
16	발전, 성장, 개발
17	지식
18	도착하다
19	성공하다
20	믿음, 신념

Day 51

DATE _____

SCORE _____ / 20

01	unhappy
02	unfriendly
03	nonprofit
04	impatient
05	inconvenient
06	illiterate
07	irregular
08	dislike
09	disagree
10	subconscious
11	~할 수 없는
12	도중에 멈추지 않는
13	불가능한
14	무례한
15	부정확한, 맞지 않는
16	불법적인
17	무책임한
18	정직하지 못한
19	사라지다
20	잠수함

Day 52

DATE _____

SCORE _____ / 20

01	monorail
02	bicycle
03	triangle
04	coauthor
05	misunderstand
06	mistake
07	multitask
08	ultrasound
09	automobile
10	ex-husband
11	독백
12	두 달에 한 번씩
13	세발자전거
14	협력, 협동
15	동료, 함께 일하는 사람
16	불운, 불행
17	다문화의
18	반원
19	자서전
20	전직 대통령

Day 53	DATE			**Day 54**	DATE	
	SCORE	/ 20			SCORE	/ 20

	Day 53			Day 54
01	preview		01	colorful
02	predict		02	thoughtful
03	regain		03	endless
04	international		04	desirable
05	forecast		05	advantageous
06	defrost		06	active
07	postscript		07	happiness
08	superstar		08	laziness
09	transportation		09	inventor
10	overload		10	artist
11	선사 시대		11	유용한, 쓸모 있는
12	회복하다		12	무수한, 셀 수 없이 많은
13	교체하다, 대신하다		13	두려움을 모르는
14	상호 작용하다, 소통하다		14	편안한, 안락한
15	예견하다		15	존경할 만한, 훌륭한
16	(암호를) 해독하다		16	모험심이 강한
17	미루다, 연기하다		17	경쟁심이 강한, 뒤지지 않는
18	감독관, 관리자		18	친절
19	갈아타다, 옮기다, 이동하다		19	고용주, 고용인
20	너무 익힌		20	관광객, 여행객

Day 55

DATE _____

SCORE _____ / 20

01	movement
02	invitation
03	communication
04	action
05	expression
06	darken
07	strengthen
08	purify
09	capitalism
10	stardom
11	벌, 처벌
12	논쟁, 말다툼
13	제안, 의견
14	생산
15	날카롭게 하다
16	약화시키다
17	간단하게 하다
18	공산주의
19	자유
20	지루함, 따분함

Day 56

DATE _____

SCORE _____ / 20

01	large
02	shallow
03	wide
04	dull
05	thin
06	easy
07	different
08	rural
09	minority
10	descendant
11	작은, 어린
12	깊은
13	좁은
14	뾰족한, 날카로운
15	두꺼운
16	어려운
17	같은, 동일한
18	도시의
19	대다수, 가장 많은 수
20	조상, 선조

Day 57

DATE _____

SCORE _____ / 20

01 old

02 soft

03 fast

04 expensive

05 abnormal

06 ordinary

07 answer

08 add

09 detach

10 defend

11 어린, 젊은

12 딱딱한, 단단한

13 느린

14 저렴한, 값싼

15 보통의, 정상적인

16 기이한, 놀라운, 비범한

17 질문, 문제

18 빼다, 덜다

19 붙이다, 첨부하다

20 공격하다

Day 58

DATE _____

SCORE _____ / 20

01 stingy

02 innocent

03 bold

04 poor

05 strong

06 humble

07 even

08 minimum

09 import

10 guest

11 너그러운, 관대한

12 죄를 범한, 유죄의

13 소심한, 용기가 없는

14 부유한

15 약한

16 오만한, 거만한

17 홀수의

18 최고의, 최대의; 최고, 최대

19 수출하다

20 (손님을 초대한) 주인, 주최자

Day 59

DATE _____

SCORE _____ / 20

01 full

02 dry

03 right

04 private

05 ancient

06 obscure

07 simple

08 problem

09 original

10 natural

11 빈, 비어 있는

12 젖은, 축축한

13 틀린, 잘못된

14 공공의, 대중의

15 현대의, 현대적인

16 분명한, 명백한

17 복잡한

18 해법, 해결책

19 복사본

20 인공의, 인위적인

Day 60

DATE _____

SCORE _____ / 20

01 begin

02 enter

03 trust

04 fail

05 exclude

06 decrease

07 demand

08 pull

09 borrow

10 south

11 끝나다, 끝내다; 끝

12 나가다, 퇴장하다; 출구

13 의심하다, 믿지 않다

14 통과하다, 합격하다

15 포함하다, 포함시키다

16 증가하다, 늘리다

17 공급, 제공; 공급하다

18 밀다

19 빌려주다

20 북쪽으로; 북쪽

Day 61

DATE _____

SCORE _____ / 20

01 accident

02 battle

03 discovery

04 equipment

05 fault

06 habit

07 memory

08 opinion

09 society

10 value

11 약속, 임명

12 관습, 풍습

13 손상, 피해

14 경제

15 사실

16 정보

17 방법

18 평화

19 결과

20 애, 문제, 골칫거리

Day 62

DATE _____

SCORE _____ / 20

01 available

02 current

03 economic

04 human

05 important

06 medical

07 other

08 personal

09 recent

10 whole

11 결석한, 결근한

12 흔한, 공통의

13 이른; 일찍

14 외국의

15 지역의, 현지의

16 국가의, 국내적인

17 정치적인

18 진짜의, 실제의

19 사회의, 사교적인

20 특별한

Day 63

DATE _____

SCORE _____ / 20

01 central

02 entire

03 final

04 general

05 main

06 physical

07 religious

08 several

09 significant

10 urgent

11 죽은

12 환경의

13 같은, 동일한

14 금융의, 재정상의

15 필요한

16 귀중한, 소중한, 값비싼

17 준비가 된

18 진지한, 심각한

19 비슷한, 닮은

20 다양한, 여러 가지의

Day 64

DATE _____

SCORE _____ / 20

01 excited

02 upset

03 nervous

04 hungry

05 tired

06 exhausted

07 frightened

08 bored

09 puzzled

10 horrible

11 놀란, 놀라는

12 화난, 성난

13 무서워하는, 겁먹은

14 걱정하는

15 목이 마른

16 졸린

17 실망한

18 질투하는, 시샘하는

19 혼란스러운, 헷갈리는

20 무관심한

Day 65

DATE _____

SCORE _____ / 20

01	usually
02	often
03	rarely
04	and
05	for
06	so
07	and yet
08	if
09	either A or B
10	not only A but (also) B
11	항상, 언제나
12	때때로, 가끔
13	절대로 ~ 않다
14	그러나, 하지만
15	또는, 혹은
16	~ 때문에, 왜냐하면
17	비록 ~일지라도
18	~하자마자
19	A와 B 둘 다
20	A와 B 둘 다 아닌

Day 66

DATE _____

SCORE _____ / 20

01	acquire
02	adjust
03	announce
04	anticipate
05	appreciate
06	assume
07	attract
08	bite
09	calculate
10	carry
11	이루다, 성취하다
12	~할 여유가 있다
13	허락하다, 허용하다
14	언쟁을 하다, 다투다
15	신청하다, 지원하다
16	다가가다[오다], 접근하다
17	피하다, 막다
18	가져오다, 데려오다
19	짓다, 건축하다
20	확인하다, 살피다

Day 67

DATE _____

SCORE _____ / 20

01	climb
02	compete
03	confirm
04	contain
05	continue
06	create
07	deliver
08	depart
09	depend
10	discover
11	의사소통을 하다
12	비교하다
13	불평하다, 항의하다
14	고려하다, ~라고 여기다
15	(수를) 세다, 계산하다
16	가리다, 덮다
17	울다, 외치다
18	부인하다, 부정하다
19	감지하다, 발견하다
20	결정하다

Day 68

DATE _____

SCORE _____ / 20

01	distribute
02	drain
03	dream
04	emphasize
05	enable
06	engage
07	ensure
08	expect
09	extend
10	find
11	논의하다, 토론하다
12	나누다
13	(액체가) 뚝뚝 떨어지다
14	(돈을) 벌다
15	당황스럽게 만들다
16	향상시키다, 높이다
17	존재하다
18	탐험하다, 조사하다
19	~한 기분이 들다, 느끼다
20	따라가다[오다], 따르다

Day 69

DATE _____

SCORE _____ / 20

01 grow

02 hear

03 hit

04 hold

05 identify

06 imagine

07 indicate

08 intend

09 investigate

10 keep

11 잊다, 잊어버리다

12 일어나다, 발생하다

13 숨다, 감추다

14 바라다, 희망하다

15 무시하다, 모르는 체하다

16 나아지다, 개선하다, 향상시키다

17 설치하다

18 포함하다, 관련시키다

19 뛰어오르다, 점프하다

20 안내하다, 이끌다

Day 70

DATE _____

SCORE _____ / 20

01 leave

02 look

03 maintain

04 move

05 negotiate

06 notice

07 obtain

08 occur

09 overcome

10 perform

11 배우다, ~을 알게 되다

12 해내다, 다루다, 관리하다

13 측정하다, 재다

14 곱하다

15 필요로 하다

16 (고개를) 끄덕이다

17 (기계를) 작동시키다, 조종하다

18 조직하다, 정리하다

19 (돈을) 빚지다, 신세지다

20 참여하다, 참가하다

Day 71

DATE _____

SCORE _____ / 20

01	possess
02	prefer
03	pretend
04	promise
05	prove
06	put
07	quit
08	reach
09	relate
10	remain
11	연습하다
12	준비하다
13	막다, 예방하다
14	생산하다
15	제공하다
16	들어올리다, 기르다
17	추천하다
18	줄이다, 낮추다
19	(고통 등을) 덜어주다, 완화하다
20	제거하다, 치우다

Day 72

DATE _____

SCORE _____ / 20

01	represent
02	reply
03	react
04	say
05	shake
06	shut
07	speak
08	solve
09	suggest
10	support
11	수리하다, 수선하다
12	알아보다, 인식하다
13	요구하다
14	깨닫다, 알아차리다
15	정착하다, 해결하다
16	~처럼 보이다, ~인 것 같다
17	철자를 쓰다
18	(시간, 돈을) 쓰다, 들이다
19	살아남다
20	고생하다, 고통받다, 시달리다

영어는 우리말로, 우리말은 영어로 쓰세요.

Day 73

DATE _____

SCORE _____ / 20

01 take

02 talk

03 think

04 translate

05 travel

06 vary

07 walk

08 want

09 wish

10 work

11 놀리다, 괴롭히다

12 말하다, 알려 주다

13 던지다

14 노력하다, 시도하다

15 돌다, 돌리다

16 이해하다, 알다

17 기다리다

18 입다

19 걱정하다

20 글씨를 쓰다, 글을 쓰다

Day 74

DATE _____

SCORE _____ / 20

01 after all

02 at that time

03 be anxious about

04 be anxious for

05 be covered with

06 be good for

07 be over

08 be poor at

09 from now on

10 right away

11 ~에 따르면

12 곧, 즉시, 한꺼번에

13 ~을 두려워하다

14 ~로 붐비다

15 ~을 잘하다, 능숙하다

16 ~에 늦다, 지각하다

17 서로서로

18 잠시 동안

19 정시에

20 ~을 생각하다, ~을 생각해 내다

Day 75

DATE _____

SCORE _____ / 20

01	as a result
02	be famous for
03	be interested in
04	before long
05	in trouble
06	many kinds of
07	most of
08	side by side
09	thousands of
10	would like to
11	~로 나누어지다
12	동시에
13	~로 가득 차다
14	~을 자랑스러워하다
15	~에 책임이 있다
16	~이 부족하다
17	수백의
18	~ 대신에
19	~로 가는 도중에
20	~ 덕분에

Day 76

DATE _____

SCORE _____ / 20

01	amateur
02	ambulance
03	bonus
04	calcium
05	campus
06	carol
07	catalogue
08	channel
09	comic
10	cream
11	알코올, 술
12	아치, 곡선형 구조물
13	캐비닛, 수납장
14	캠페인, (조직적인) 운동
15	카드
16	센터, 중심, 한가운데
17	챔피언, 우승자
18	차트, 도표
19	코스, 과정
20	코트, 경기장, 법정

Day 77

DATE

SCORE _____ / 20

01 disc

02 drama

03 echo

04 event

05 fashion

06 feminist

07 film

08 gallery

09 gown

10 guard

11 데이터, 자료

12 다이어트, 식이 요법

13 드릴, 연습

14 엘리베이터, 승강기

15 에세이, 수필

16 엘리트, 최상류층 사람들

17 펜스, 울타리

18 픽션, 소설, 허구

19 가스, (자동차) 기름

20 그래프, 도표

Day 78

DATE

SCORE _____ / 20

01 harmony

02 hormone

03 interior

04 jazz

05 laser

06 league

07 marathon

08 media

09 member

10 menu

11 하이라이트; 돋보이게 하다

12 힌트, 암시

13 이미지

14 인터뷰, 면접

15 이슈, 쟁점, 논란

16 로비, (현관) 홀

17 매직, 마법, 마술

18 매뉴얼, 설명서

19 메달

20 메시지, 전갈

영어는 우리말로, 우리말은 영어로 쓰세요.

01 motor

02 okay

03 page

04 plastic

05 quiz

06 recreation

07 rugby

08 sample

09 scenario

10 section

11 미스터리, 수수께끼 같은 것

12 오페라, 가극

13 퍼레이드, 행진

14 파트너, 동료, 짝

15 퍼센트

16 프로젝트, 연구 과제

17 프로그램, (교육) 과정

18 리허설, 예행연습

19 소스

20 스케줄, 계획표, 일정

01 seminar

02 sponsor

03 spy

04 stereo

05 studio

06 tank

07 technology

08 topic

09 villa

10 website

11 세트, 한 벌, 무대 장치

12 스포츠, 운동 (경기)

13 스태프, 직원, 제작진

14 스타일, 방식

15 팀, 조, 편

16 테크닉, 기법, 기교

17 테러, 공포, 두려움

18 트랙, 경주로, 철도 선로

19 베일, 면사포, 덮개

20 비전, 전망, 시력

Answer Key
정답

Answer Key

Day 01

01 아들
02 남편
03 형제자매
04 숙모, 고모, 이모, 아주머니
05 사촌
06 할아버지
07 손주
08 새아버지, 계부
09 형, 오빠
10 부모, 아버지와 어머니
11 daughter
12 wife
13 younger brother
14 uncle
15 relative
16 grandparents
17 grandmother
18 grandson
19 granddaughter
20 father-in-law

Day 02

01 아이, 어린이, 자식
02 (성인) 여자
03 신사
04 (남자의 성 앞) ~ 씨, ~ 님
05 사람들
06 낯선 사람, 모르는 사람
07 듣는 사람, 청자
08 손님, 고객
09 구매자
10 십대 (청소년)
11 adult
12 man
13 lady
14 Ms.
15 person
16 neighbor
17 speaker
18 client
19 audience
20 passenger

Day 03

01 키가 큰, 높은
02 예쁜
03 무거운
04 비만의, 과체중의
05 날씬한
06 근육(질)의
07 곱슬곱슬한
08 우아한
09 주름; 주름이 생기다
10 콧수염
11 cute
12 beautiful
13 handsome
14 chubby
15 medium build
16 skinny
17 straight
18 blond
19 attractive
20 scar

Day 04

01 친절한, 상냥한
02 똑똑한, 영리한
03 영리한, 똑똑한
04 어리석은, 바보 같은
05 부끄러움을 타는, 수줍어하는
06 재미있는, 유머러스한
07 조심하는, 주의 깊은
08 열정적인
09 활동적인, 활기찬
10 친절한, 다정한
11 honest
12 wise
13 selfish
14 brave
15 cheerful
16 funny
17 curious
18 creative
19 rude
20 mean

Day 05

01 좋은, 친절한, 멋진
02 게으른, 나태한
03 어리석은, 멍청한
04 비판적인, 중대한
05 보살피는, 배려하는
06 외향적인, 사교적인
07 야심 있는,
야망을 가진
08 믿을 수 있는
09 책임이 있는
10 긍정적인
11 polite
12 gentle
13 silly
14 talkative
15 easygoing
16 sociable
17 imaginative
18 intelligent
19 aggressive
20 optimistic

Day 06

01 선생님, 교사
02 가수
03 제빵사
04 변호사
05 피아니스트,
피아노 연주가
06 치과 의사
07 소방관
08 기자, 리포터
09 미용사
10 배관공
11 farmer
12 driver
13 dancer
14 writer
15 scientist
16 designer
17 engineer
18 police officer
19 photographer
20 cleaner

Day 07

01 비행기 조종사
02 의사
03 (남자) 배우
04 목사, 신부, 성직자
05 선원
06 목수
07 교수
08 기술자, 기사
09 회계사
10 은행 직원
11 cook
12 vet
13 nurse
14 musician
15 judge
16 soldier
17 businessperson
18 salesperson
19 astronaut
20 flight attendant

Day 08

01 기침; 기침하다
02 아픈, 쓰린, 따가운
03 답답한, 코가 막힌
04 치통, 이가 아픔
05 통증, 아픔, 고통
06 다치게 하다,
아프다
07 부러진, 깨진
08 멍, 타박상;
멍이 들다
09 긁힌 상처, 찰과상;
긁다, 할퀴다
10 상처; 상처를 입히다
11 sick
12 healthy
13 fever
14 medicine
15 injury
16 stomachache
17 headache
18 cut
19 sprain
20 runny

Day 09

01 아픈, 병든	11 disease
02 끔찍한, 심한	12 cancer
03 끔찍한, 지독한	13 infection
04 독감	14 virus
05 가려운, 가렵게 하는	15 rash
06 구역질나는, 메스꺼운	16 vomit
07 치유, 치료법; 낫게하다	17 treatment
	18 bandage
	19 painkiller
08 주사	20 operation
09 알약	
10 심장마비	

Day 10

01 점심 식사	10 일어나다
02 먹다, 식사하다	11 breakfast
03 저녁 식사	12 drink
04 샤워, 소나기	13 sleep
05 (칫)솔질하다; 솔, 붓	14 wash
06 공부하다; 공부, 연구	15 watch
	16 help
07 진공청소기로 청소하다; 진공	17 clean
	18 email
08 보내다	19 text message
09 전화하다, 부르다; 전화, 통화	20 receive

Day 11

01 부엌, 주방	11 house
02 침실	12 living room
03 문	13 bathroom
04 대문, 정문, 출입문	14 laundry room
05 바닥, 층	15 window
06 계단	16 ceiling
07 다락	17 wall
08 정원	18 roof
09 지하실, 지하층	19 garage
10 식당	20 chimney

Day 12

01 ~한 맛이 나다, 맛보다; 맛	10 생선, 물고기; 낚시하다
02 신, 시큼한	11 salty
03 매운, 양념이 강한	12 bitter
04 바삭바삭한, 부스러지기 쉬운	13 sweet
05 바삭바삭한, 아삭아삭한	14 greasy
06 맛이 자극적이지 않은, 특징 없는	15 juicy
	16 delicious
07 굽다, 튀기다	17 tender
08 소고기	18 boil
09 닭고기	19 steam
	20 pork

Day 13

01 피자
02 카레
03 초밥, 스시
04 퐁뒤
05 케밥, 꼬치구이
06 게
07 쌀, 밥
08 라면
09 커틀릿, 돈가스
10 (과일, 곡물이) 익은, 숙성한
11 hamburger
12 spaghetti
13 noodles
14 dumpling
15 shrimp
16 clam
17 soup
18 steak
19 rare
20 well-done

Day 14

01 케이크
02 치즈
03 잼
04 소금
05 겨자
06 레모네이드
07 음료, 마실 것
08 유기농의
09 영양가가 높은
10 간장
11 milk
12 bread
13 cereal
14 butter
15 pepper
16 snack
17 ice cream
18 soft drink
19 porridge
20 frozen

Day 15

01 옷, 의복
02 드레스, 원피스, 옷; 옷을 입다
03 셔츠
04 스웨터
05 모자
06 양말
07 샌들
08 스카프, 목도리
09 벨트, 허리띠
10 운동복
11 coat
12 jacket
13 pants
14 skirt
15 gloves
16 shoes
17 sneakers
18 vest
19 underwear
20 uniform

Day 16

01 소파
02 잡지
03 앨범, 사진첩
04 라디오
05 그림, 사진
06 식물; (나무나 씨앗 등을) 심다
07 벽난로
08 쿠션, 방석
09 에어컨
10 사진틀, 액자
11 armchair
12 table
13 television
14 fan
15 remote control
16 light switch
17 vase
18 fish tank
19 blanket
20 carpet

Day 17

01 인형	11 toy
02 시계	12 robot
03 로켓	13 drawer
04 옷장	14 desk
05 침대	15 computer
06 의자	16 hanger
07 램프, 등	17 backpack
08 책장	18 pillow
09 받침대, 선반, (모자, 옷) 걸이	19 curtain
	20 trash can
10 곰 인형, 테디 베어	

Day 18

01 컵	11 dish
02 유리잔, 유리	12 spoon
03 (우묵한) 그릇	13 chopsticks
04 포크	14 tray
05 칼	15 oven
06 큰 숟가락, 국자	16 pot
07 (가스)레인지, 난로	17 teapot
08 전자레인지	18 refrigerator
09 프라이팬	19 blender
10 커피 끓이는 기구, 커피 머신	20 toaster

Day 19

01 비누	11 toothpaste
02 칫솔	12 shampoo
03 컨디셔너	13 cotton swab
04 면도기, 면도칼	14 comb
05 거울	15 scale
06 수도꼭지; 가볍게 두드리다	16 towel
07 싱크대, 개수대, 세면대; 가라앉다	17 bathtub
	18 hair dryer
08 변기, 화장실	19 toilet paper
09 샤워 젤	20 bath mat
10 바디로션	

Day 20

01 사다, 구입하다	11 sell
02 고르다, 선택하다	12 pay
03 반납하다, 돌려주다	13 exchange
04 선물	14 refund
05 돈	15 price
06 현금, 현찰	16 coin
07 지폐, 계산서, 청구서	17 credit card
08 가게, 상점; 저장하다	18 market
09 할인; 할인하다	19 sale
10 백화점	20 purchase

Day 21

01 학급, 반, 수업
02 쉬는 시간, 휴식 시간
03 교과서
04 수학
05 역사
06 미술, 예술
07 윤리, 도덕
08 물리학
09 생물학
10 가정
11 homework
12 exam
13 education
14 science
15 social studies
16 music
17 P.E.
18 Chinese characters
19 geography
20 chemistry

Day 22

01 좋아하다
02 진짜의, 사실인, 진정한
03 놀다, (게임, 놀이 등을) 하다; 연극
04 나누다, 함께 쓰다, 공유하다
05 그룹, 집단, 무리
06 반 친구, 급우
07 별명
08 인사하다, 환영하다
09 괴롭히다; 괴롭히는 사람
10 웃다; 웃음(소리)
11 friend
12 close
13 together
14 join
15 friendship
16 secret
17 introduce
18 chat
19 fight
20 smile

Day 23

01 펜
02 자
03 클립
04 깎는 도구
05 마커(펜), 표시
06 스테이플러
07 공책
08 크레용
09 그림 붓
10 샤프펜슬
11 pencil
12 eraser
13 pencil case
14 scissors
15 glue
16 compass
17 paper
18 sketchbook
19 paint
20 calculator

Day 24

01 야구, 야구공
02 배구, 배구공
03 테니스
04 탁구
05 태권도
06 하키
07 스케이트 타기, 스케이팅
08 등산, 등반
09 선수, 연주자
10 무술
11 soccer
12 basketball
13 badminton
14 golf
15 judo
16 archery
17 boxing
18 skiing
19 swimming
20 exercise

01 피아노

02 첼로

03 드럼, 북

04 리코더, 피리, 녹음기

05 우쿨렐레

06 (야구) 방망이, 배트

07 라켓

08 그네

09 스노보드를 타다; 스노보드

10 테니스장

11 violin

12 guitar

13 flute

14 trumpet

15 ball

16 jump rope

17 soccer field

18 swimming pool

19 seesaw

20 slide

01 오늘, 현재

02 아침, 오전

03 오후

04 정오, 낮 12시, 한낮

05 해돋이, 일출

06 지금, 이제

07 과거, 지난날; 지나간, 지난

08 (시간의) 분, 잠깐

09 하루, 날, 요일, 낮

10 주, 일주일

11 yesterday

12 tomorrow

13 evening

14 night

15 present

16 future

17 hour

18 date

19 year

20 century

01 봄

02 가을

03 따뜻한; 따뜻하게 하다, 데우다

04 시원한, 서늘한; 식다, 식히다

05 몹시 추운, 영하의

06 매우 좋아하는, 마음에 드는

07 꽃

08 (나뭇)잎

09 눈사람

10 성수기

11 season

12 summer

13 winter

14 weather

15 hot

16 cold

17 frost

18 bloom

19 fall

20 off-season

01 일요일

02 화요일

03 금요일

04 2월

05 3월

06 6월

07 9월

08 10월

09 12월

10 달, 월, 개월

11 Monday

12 Wednesday

13 Thursday

14 Saturday

15 January

16 April

17 May

18 July

19 August

20 November

Day 29

01 생일	11 holiday
02 축제, 기념제	12 field trip
03 기념일	13 graduation
04 집들이	14 congratulations
05 기념하다, 축하하다	15 New Year's Day
06 핼러윈	16 Easter
07 어버이날	17 Children's Day
08 석가탄신일	18 Teacher's Day
09 밸런타인데이	19 Thanksgiving
10 음력 설날, 정월 초하루	20 Christmas

Day 30

01 하이킹하다, 도보 여행을 하다	10 자유 시간, 여가 시간
02 물건을 사다, 쇼핑하다; 가게, 상점	11 hobby
03 게임, 경기, 시합	12 camp
04 만화, 만화 영화	13 activity
05 듣다	14 movie
06 그리다, 끌다	15 comic book
07 휴식을 취하다, 진정하다	16 fun
08 읽다	17 enjoy
09 (말, 차량, 자전거 등을) 타다	18 collect
	19 dance
	20 knit

Day 31

01 시골, 나라, 국가	11 farm
02 도시	12 building
03 사무실	13 factory
04 교회	14 hotel
05 (시내의) 길, 거리, 도로	15 downtown
06 아파트	16 road
07 공항	17 bus stop
08 지하철역	18 gas station
09 경찰서	19 fire station
10 편의점	20 post office

Day 32

01 제과점, 빵집	11 school
02 박물관, 미술관	12 restaurant
03 서점	13 library
04 은행	14 theater
05 (약, 화장품 등을 파는) 약국	15 pharmacy
06 병원	16 park
07 카페	17 zoo
08 미용실	18 flower shop
09 놀이공원	19 Laundromat
10 문구점	20 vendor

Day 33

01 ~ (안)에
02 ~ 위에
03 ~보다 위에
04 ~의 옆에
05 가로질러, 맞은편에
06 ~로부터
07 위로, 위에
08 아래로, 아래에
09 ~의 바로 옆에
10 ~의 뒤에,
　 ~의 뒤쪽에

11 under
12 between
13 in front of
14 behind
15 in the middle of
16 around
17 into
18 out of
19 upstairs
20 downstairs

Day 34

01 호주,
　 오스트레일리아
02 캐나다
03 영국
04 독일
05 이탈리아
06 한국
07 멕시코
08 베트남
09 뉴질랜드
10 필리핀

11 America
12 Brazil
13 China
14 France
15 India
16 Japan
17 Russia
18 Spain
19 Thailand
20 Saudi Arabia

Day 35

01 호주 사람
02 브라질 사람
03 중국 사람, 중국어
04 영국 사람, 영어
05 프랑스 사람,
　 프랑스어
06 인도 사람
07 일본 사람, 일본어
08 러시아 사람,
　 러시아어
09 스위스 사람
10 베트남 사람,
　 베트남어

11 American
12 Canadian
13 Filipino
14 German
15 Greek
16 Italian
17 Korean
18 Mexican
19 Spanish
20 Thai

Day 36

01 암탉
02 거위
03 돼지
04 황소
05 염소
06 당나귀
07 강아지
08 새끼 오리
09 새끼 양
10 망아지

11 duck
12 rabbit
13 cow
14 sheep
15 horse
16 turkey
17 kitten
18 chick
19 calf
20 piglet

Day 37

01 사자
02 원숭이
03 여우
04 사슴
05 기린
06 치타
07 고릴라
08 낙타
09 악어
10 공작새
11 tiger
12 bear
13 wolf
14 elephant
15 zebra
16 hippo
17 leopard
18 panda
19 kangaroo
20 snake

Day 38

01 새
02 부엉이, 올빼미
03 갈매기
04 거북, 바다거북
05 돌고래
06 개미
07 무당벌레
08 나비
09 귀뚜라미
10 파리; 날다
11 eagle
12 parrot
13 penguin
14 shark
15 whale
16 octopus
17 bee
18 dragonfly
19 spider
20 mosquito

Day 39

01 바나나
02 복숭아
03 포도
04 귤
05 레몬
06 체리
07 아보카도
08 호두, 호두나무
09 감
10 수박
11 apple
12 pear
13 orange
14 kiwi
15 strawberry
16 mango
17 pineapple
18 peanut
19 almond
20 chestnut

Day 40

01 감자
02 양파
03 상추, 양상추
04 순무
05 오이
06 토마토
07 마늘
08 콩
09 피망
10 배추
11 sweet potato
12 green onion
13 cabbage
14 spinach
15 broccoli
16 carrot
17 eggplant
18 pumpkin
19 mushroom
20 bean sprout

Day 41

01 흐린, 구름이 많은	11 foggy
02 쌀쌀한, 추운	12 windy
03 후텁지근한	13 stormy
04 맑은, 깨끗한, 분명한; 치우다	14 scorching
	15 humid
05 축축한, 눅눅한	16 rainy season
06 우기, 장마, 몬순	17 thunder
07 번개	18 earthquake
08 태풍	19 tsunami
09 화산	20 weather forecast
10 무지개	

Day 42

01 쇼, 공연; 보여 주다	11 concert
02 그림, 그림 그리기	12 musical
03 예술품	13 photo
04 공연, 연주회	14 popular
05 유명한	15 folk
06 고전적인	16 culture
07 세계적인	17 traditional
08 문화의	18 display
09 전통	19 exhibition
10 전시하다	20 fair

Day 43

01 기후	11 energy
02 재난, 재해	12 environment
03 홍수	13 air pollution
04 해를 끼치다, 손상시키다; 피해, 손해	14 trash
	15 greenhouse
05 파괴하다, 멸하다	16 drought
06 구하다, 아끼다, 절약하다	17 global warming
	18 litter
07 재활용하다	19 waste
08 비료	20 endangered
09 보호하다, 지키다	
10 수질 오염	

Day 44

01 열하나의; 열하나	11 twelve
02 열넷의; 열넷	12 thirteen
03 열여섯의; 열여섯	13 fifteen
04 열여덟의; 열여덟	14 seventeen
05 스물의; 스물	15 nineteen
06 마흔의; 마흔	16 thirty
07 예순의; 예순	17 fifty
08 여든의; 여든	18 seventy
09 1백의; 1백	19 ninety
10 1백만의; 1백만	20 thousand

Day 45

01 첫째로; 첫 번째의
02 넷째의, 네 번째의
03 여섯째의, 여섯 번째의
04 일곱째의, 일곱 번째의
05 열 번째의
06 달러
07 엔
08 5센트, 니켈
09 10센트
10 25센트, 1/4
11 second
12 third
13 fifth
14 eighth
15 ninth
16 eleventh
17 twelfth
18 pound
19 euro
20 cent

Day 46

01 후식, 디저트
02 옆에
03 팔
04 즐거운, 명랑한
05 숨쉬다, 호흡하다
06 질, 품질
07 보완물, 보충; 보완하다, 보충하다
08 ~을 제외하고, ~ 외에는
09 실험
10 철저한, 빈틈없는
11 desert
12 besides
13 arms
14 marry
15 breath
16 quantity
17 compliment
18 accept
19 experience
20 through

Day 47

01 방법, 방식, 태도
02 죽다
03 잃어버리다, 지다
04 꽤, 상당히
05 강철
06 교장; 주요한, 주된
07 몹시, 심하게
08 매우, 대단히
09 늦은; 늦게
10 거의
11 manners
12 dye
13 loose
14 quiet
15 steal
16 principle
17 bad
18 high
19 lately
20 near

Day 48

01 (표정이) 밝은, 생기 있는 (빛이) 밝은, 눈부신
02 빛; 가벼운
03 또한, 역시, 너무
04 입, 입구
05 내용; 만족하는
06 철, 쇠, 다리미
07 발, 맨 아래, 기슭
08 마지막의; 계속되다
09 순서, 주문, 명령; 주문하다, 명령하다
10 정장; 어울리다, 맞다
11 book
12 change
13 major
14 fine
15 key
16 lie
17 fix
18 bow
19 branch
20 well

01 의미 있는, 중요한   11 meaning
02 힘, 세력   12 powerful
03 집, 가정; 집에, 집으로   13 homeless
04 사용, 쓰임새, 용도; 쓰다, 사용하다   14 useless
05 엉망인 상태, 지저분한 사람   15 messy
   16 dirt
06 더러운, 지저분한   17 crime
07 범죄의; 범인, 범죄자   18 emotional
08 감정, 정서   19 dangerous
09 위험   20 poison
10 독성이 있는, 유독한

01 모습, 외모   11 appear
02 기억하다   12 remembrance
03 결정   13 decide
04 설명하다   14 explanation
05 서술, 설명, 묘사   15 describe
06 개발하다, 성장하다, 발달하다   16 development
   17 knowledge
07 알다, 알고 있다   18 arrive
08 도착   19 succeed
09 성공   20 belief
10 믿다, 생각하다

01 불행한   10 잠재의식; 잠재의식의
02 불친절한, 비우호적인   11 unable
03 비영리적인   12 nonstop
04 짜증난, 성급한, 참을성 없는   13 impossible
   14 impolite
05 불편한   15 incorrect
06 글을 모르는, 문맹의   16 illegal
07 불규칙한, 고르지 못한   17 irresponsible
   18 dishonest
08 싫어하다   19 disappear
09 의견이 다르다, 동의하지 않다   20 submarine

01 모노레일   11 monologue
02 (두발)자전거   12 bimonthly
03 삼각형   13 tricycle
04 공동 집필자   14 cooperation
05 오해하다   15 coworker
06 실수, 잘못; 잘못 생각하다   16 misfortune
07 동시에 여러 가지 일을 하다   17 multicultural
   18 semicircle
08 초음파   19 autobiography
09 자동차   20 ex-president
10 전남편

01 미리 보기, 시사회,
    사전 검토
02 예측하다, 예견하다
03 되찾다, 회복하다
04 국제적인
05 예측, 예보;
    예측하다, 예보하다
06 해동하다
07 (편지의) 추신
08 슈퍼스타
09 교통수단, 수송
10 (짐을) 너무 많이
    싣다

11 prehistory
12 recover
13 replace
14 interact
15 foresee
16 decode
17 postpone
18 supervisor
19 transfer
20 overcooked

01 형형색색의,
    다채로운
02 생각이 깊은,
    사려 깊은
03 무한한, 끝없는
04 바람직한
05 이로운, 유리한
06 활발한, 활동적인
07 행복
08 게으름
09 발명가
10 예술가, 화가

11 useful
12 countless
13 fearless
14 comfortable
15 respectable
16 adventurous
17 competitive
18 kindness
19 employer
20 tourist

01 움직임, 운동
02 초대, 초대장
03 의사소통, 연락
04 행동, 동작
05 표현, 표출
06 어둡게 만들다
07 강화하다,
    강하게 하다
08 정화하다,
    깨끗이 하다
09 자본주의
10 스타덤, 스타의 반열

11 punishment
12 argument
13 suggestion
14 production
15 sharpen
16 weaken
17 simplify
18 communism
19 freedom
20 boredom

01 큰, 많은
02 얕은
03 넓은
04 무딘
05 얇은, 가는
06 쉬운
07 다른
08 시골의
09 소수
10 자손, 후손

11 little
12 deep
13 narrow
14 sharp
15 thick
16 difficult
17 same
18 urban
19 majority
20 ancestor

01 늙은, 나이 많은, 오래된
02 부드러운, 푹신한
03 빠른
04 비싼, 돈이 많이 드는
05 비정상의, 이상한
06 보통의, 평범한, 일상적인
07 대답, 응답; 대답하다
08 더하다, 추가하다
09 떼다, 분리하다
10 방어하다, 변호하다
11 young
12 hard
13 slow
14 cheap
15 normal
16 extraordinary
17 question
18 subtract
19 attach
20 attack

01 인색한, 구두쇠의
02 아무 잘못이 없는, 무고한, 결백한
03 용감한, 대담한
04 가난한, 불쌍한
05 강한
06 겸손한, 소박한
07 짝수의, 평평한, 고른
08 최저의, 최소한의; 최소, 최저
09 수입하다; 수입
10 손님, 초대받은 사람
11 generous
12 guilty
13 timid
14 rich
15 weak
16 arrogant
17 odd
18 maximum
19 export
20 host

01 가득 찬, 배부른
02 마른, 건조한; 말리다
03 옳은, 맞는, 오른쪽의
04 사적인, 개인적인
05 고대의, 아주 오래된
06 분명치 않은, 모호한
07 간단한, 단순한
08 문제
09 원본; 원래의, 독창적인
10 자연의, 가공하지 않은
11 empty
12 wet
13 wrong
14 public
15 modern
16 obvious
17 complex
18 solution
19 copy
20 artificial

01 시작하다
02 들어가다, 들어오다
03 믿다, 신뢰하다; 신뢰, 확신
04 실패하다
05 제외하다, 차단하다
06 감소하다, 줄이다
07 요구, 수요; 요구하다, 필요로 하다
08 당기다, 끌다, 뽑다
09 빌리다
10 남쪽으로; 남쪽
11 end
12 exit
13 doubt
14 pass
15 include
16 increase
17 supply
18 push
19 lend
20 north

Day 61

01 사고, 우연한 일
02 전투, 싸움
03 발견, 발견된 것
04 장비, 용품
05 잘못, 단점
06 습관, 버릇
07 기억, 추억
08 의견, 생각
09 사회
10 가치

11 appointment
12 custom
13 damage
14 economy
15 fact
16 information
17 method
18 peace
19 result
20 trouble

Day 62

01 이용할 수 있는, 구할 수 있는
02 현재의, 지금의
03 경제의, 경제적인
04 인간의, 인간적인; 인간, 사람
05 중요한
06 의학의, 의료의
07 다른, 그 밖의
08 개인의, 개인적인
09 최근의
10 전체의, 모든

11 absent
12 common
13 early
14 foreign
15 local
16 national
17 political
18 real
19 social
20 special

Day 63

01 중앙의, 중심이 되는
02 전체의, 전부의
03 마지막의, 최종적인
04 일반적인, 보통의
05 주요한, 주된
06 신체의, 물리적인
07 종교의, 신앙심이 깊은
08 몇몇의, 여러 가지의
09 중요한, 의미 있는
10 긴급한

11 dead
12 environmental
13 equal
14 financial
15 necessary
16 precious
17 ready
18 serious
19 similar
20 various

Day 64

01 신이 난, 흥분한
02 속상한
03 긴장한, 불안해하는
04 배고픈
05 지친, 피곤한
06 지친, 기진맥진한
07 겁먹은, 무서워하는
08 지루한, 심심한
09 어리둥절한, 당혹스러운
10 끔찍한, 무시무시한

11 surprised
12 angry
13 scared
14 worried
15 thirsty
16 sleepy
17 disappointed
18 jealous
19 confused
20 indifferent

01 보통, 대개　　　11 always
02 자주, 종종, 흔히　12 sometimes
03 드물게, 좀처럼　13 never
　　~ 않는　　　14 but
04 그리고, ~와　　15 or
05 왜냐하면　　　16 because
06 그래서　　　17 though
07 그럼에도 불구하고　18 as soon as
08 (만약) ~라면　19 both A and B
09 A와 B 둘 중의 하나　20 neither A nor B
10 A뿐만 아니라 B도

01 습득하다, 얻다　11 achieve
02 조정하다, 적응하다　12 afford
03 발표하다, 알리다　13 allow
04 예상하다, 예측하다　14 argue
05 고마워하다,　　15 apply
　　진가를 알아보다　16 approach
06 추측하다, 사실이　17 avoid
　　라고 생각하다　18 bring
07 마음을 끌다,　　19 build
　　끌어모으다　　20 check
08 물다; 물기, 한 입
09 계산하다
10 들고 있다, 나르다

01 오르다, 올라가다　11 communicate
02 경쟁하다, 겨루다　12 compare
03 확인해 주다,　　13 complain
　　확실하게 하다　14 consider
04 담고 있다, 포함하다　15 count
05 계속하다, 계속되다　16 cover
06 창작하다, 창조하다　17 cry
07 배달하다, 전달하다　18 deny
08 떠나다, 출발하다　19 detect
09 믿다, 의지하다　20 determine
10 발견하다, 찾다

01 나누어 주다,　　10 찾다, 발견하다,
　　분배하다　　　　　알아내다
02 (물을) 빼내다,　11 discuss
　　배수하다　　　12 divide
03 꿈을 꾸다; 꿈　13 drip
04 강조하다　　　14 earn
05 가능하게 하다　15 embarrass
06 참여시키다,　　16 enhance
　　계약하다,　　17 exist
　　끌어들이다　　18 explore
07 반드시 ~하게 하다,　19 feel
　　확실하게 하다　20 follow
08 예상하다, 기대하다
09 연장하다, 확대하다

Day 69

01 기르다, 재배하다, 성장하다
02 듣다, 들리다
03 치다, 때리다
04 들고 있다, 잡고 있다, 잡다
05 알아보다, 확인하다
06 상상하다
07 가리키다, 나타내다, 보여 주다
08 의도하다
09 조사하다, 착수하다
10 간직하다, 유지하다
11 forget
12 happen
13 hide
14 hope
15 ignore
16 improve
17 install
18 involve
19 jump
20 lead

Day 70

01 떠나다, 출발하다, 두고 오다
02 보다, ~해 보이다
03 유지하다, 지속하다
04 움직이다, 옮기다, 이사하다
05 협상하다
06 ~을 알다, 알아채다
07 얻다, 입수하다, 획득하다
08 일어나다, 발생하다
09 극복하다
10 행하다, 공연하다
11 learn
12 manage
13 measure
14 multiply
15 need
16 nod
17 operate
18 organize
19 owe
20 participate

Day 71

01 지니다, 소유하다
02 ~을 더 좋아하다, 선호하다
03 ~인 척하다, ~라고 가장하다
04 약속하다
05 입증하다, 증명하다
06 놓다, 두다, 넣다
07 그만두다, 중지하다
08 도착하다, ~에 이르다
09 관련이 있다, 관련시키다
10 남아 있다, 여전히 ~이다
11 practice
12 prepare
13 prevent
14 produce
15 provide
16 raise
17 recommend
18 reduce
19 relieve
20 remove

Day 72

01 대표하다, 나타내다
02 대답하다, 답장을 보내다
03 반응하다
04 말하다
05 흔들다, 흔들리다
06 닫다
07 이야기하다, 말하다
08 해결하다, 풀다
09 제안하다, 추천하다
10 지지하다
11 repair
12 recognize
13 require
14 realize
15 settle
16 seem
17 spell
18 spend
19 survive
20 suffer

01 가지고 가다, 데리고 가다, 받다
02 말하다, 이야기하다
03 생각하다
04 옮기다, 번역하다
05 여행하다
06 서로 다르다, 다양하게 하다
07 걷다
08 원하다, ~하고 싶다
09 원하다, 바라다
10 일하다, 공부하다
11 tease
12 tell
13 throw
14 try
15 turn
16 understand
17 wait
18 wear
19 worry
20 write

01 결국
02 그때, 그 당시에
03 ~을 걱정하다
04 ~을 갈망하다, 간절히 바라다
05 ~로 덮여 있다
06 ~에 좋다, 유익하다
07 끝나다
08 ~에 서투르다, ~을 못하다
09 지금부터 계속
10 즉시, 당장
11 according to
12 at once
13 be afraid of
14 be crowded with
15 be good at
16 be late for
17 each other
18 for a while
19 on time
20 think of

01 결과적으로
02 ~로 유명하다
03 ~에 관심이[흥미가] 있다
04 머지않아, 곧
05 곤경에 처한
06 많은 종류의
07 대부분의
08 나란히
09 수천의
10 ~하고 싶다
11 be divided into
12 at the same time
13 be full of
14 be proud of
15 be responsible for
16 be short of
17 hundreds of
18 instead of
19 on the way (to)
20 thanks to

01 아마추어, 비전문가
02 앰뷸런스, 구급차
03 보너스, 상여금
04 칼슘
05 캠퍼스, (대학교 등의) 교정
06 캐럴, 성탄 축하곡
07 카탈로그, 목록, 상품 안내서
08 채널, 통신로
09 코미디의, 웃기는, 익살맞은
10 크림
11 alcohol
12 arch
13 cabinet
14 campaign
15 card
16 center
17 champion
18 chart
19 course
20 court

Day 77

01 디스크, 음반
02 드라마, 연극
03 에코, 메아리, 울림
04 이벤트, 행사
05 패션, 의류업, 유행
06 페미니스트, 남녀평등주의자
07 (카메라의) 필름, 영화
08 갤러리, 미술관, 화랑
09 가운, 긴 겉옷, 정복
10 가드, 경호원
11 data
12 diet
13 drill
14 elevator
15 essay
16 elite
17 fence
18 fiction
19 gas
20 graph

Day 78

01 하모니, 조화, 화합, 화음
02 호르몬
03 인테리어, 내부
04 재즈
05 레이저
06 (스포츠 경기의) 리그, 연합, 연맹
07 마라톤
08 미디어, 대중 매체
09 멤버, 회원, 구성원
10 메뉴, 식단표
11 highlight
12 hint
13 image
14 interview
15 issue
16 lobby
17 magic
18 manual
19 medal
20 message

Day 79

01 모터, 전동기
02 오케이, 좋은, 괜찮은
03 페이지, 쪽
04 플라스틱으로 된; 플라스틱
05 퀴즈, 간단한 시험
06 레크리에이션, 놀이, 오락
07 럭비
08 샘플, 표본, 견본
09 시나리오, 각본
10 섹션, 부분, 구획
11 mystery
12 opera
13 parade
14 partner
15 percent
16 project
17 program
18 rehearsal
19 sauce
20 schedule

Day 80

01 세미나, 토론회
02 스폰서, 후원자
03 스파이, 간첩
04 스테레오, 입체 음향 장치
05 스튜디오, 방송실, 녹음실
06 탱크, 저장통
07 테크놀로지, (과학) 기술
08 토픽, 화제, 주제
09 빌라, 시골 저택, 별장
10 웹 사이트
11 set
12 sport
13 staff
14 style
15 team
16 technique
17 terror
18 track
19 veil
20 vision

Memo